Mi Abuelito, Don Carlitos

Kikumatsu Kamey Marmoto

El japonés que vivió en Jalisco, México

José Kamey

Publicado por Ibukku
www.ibukku.com
Diseño y maquetación: Índigo Estudio Gráfico
Copyright © 2021 José Kamey
ISBN Paperback: 978-1-64086-954-7
ISBN eBook: 978-1-64086-955-4

Presentación

Kikumatsu Kamey Marmoto

5 de febrero de 1897-15 de junio de 1992.

Mi Abuelito: El JAPONES:

Kikumatsu Kamei Marmoto. (Don Carlitos)

Saludo de introducción

Estimado Lector:

Muchos queremos saber de dónde venimos, ¿Cuáles son nuestros orígenes? ¿Quiénes somos? ¿Porque somos así? ¿Quiénes son nuestros cimientos familiares? y ¿De dónde llegaron?

Bien nuestra familia Kamey (Kamei) empezó en México, exactamente en San José Del Tule Municipio de Pihuamo Jalisco en el siglo pasado, en 1917 cuando la pobreza en la familia no era tan importante, lo importante era el cariño de todos.

Nuestra familia durante muchos años ha sido muy unida celebrando muchas fiestas, motivando la convivencia. Las reuniones, en los días tanto de guardar como de celebración: Navidad; Año nuevo; El día del trabajo; La semana santa; El 16 de septiembre; El 20 de noviembre; Así como el cumpleaños o boda de algún familiar sirvieron para reunir la familia y platicar del trabajo, de sus hijos y de proyectos simples a futuro.

Hoy en día la migración, buscando mejores horizontes nos va alejando de la familia, por diferentes partes del mundo, es irónico pensar que podemos encontrar a un pariente joven y no saberlo, y hasta platicar o tener algún roce con él, sin saber que somos parientes, por eso quise escribir estas letras para que todos tratemos de conocernos y mantener esta filial y social comunicación estemos donde quiera que sea.

Debemos responsabilizarnos para tomar el serio y gran compromiso de presentar nuestros descendientes a todos los demás familiares, y enseñarles cómo se formó esta familia, con valores morales de respeto a la familia y a los demás, con honestidad y decencia.

Ahora somos muchos, pero todo empezó con un hombre, de buenas costumbres trabajador hasta el último suspiro de su vida, que llego de oriente, que se esmeró por formar y unificar la familia con su ejemplo, sus refranes y proverbios, y ver las cosas que suceden en la vida de una forma positiva.

Me gustaría que nos conociera, yo le contare mis anécdotas al lado de mi abuelito y de mi padre, con mis hermanos, familia y amigos o solo, y la manera en que yo mire a mi Abuelito Carlos Kikumatsu Kamei Marmoto el japonés que vivió en San José Del Tule Municipio de Pihuamo Jalisco México, y en otros lugares cercanos a este pueblito.

Gracias a él llevo este apellido. Yo conocí a mi Abuelito cuando él era todavía joven, fuerte, social, risueño y trabajador incansable, siempre lo considere un ejemplo, digno de admiración y aun lo sigo considerando hoy en día.

En ese tiempo durante el vivir y convivir y entre trabajos cotidianos, risas y reuniones, nunca imagine que mi Abuelito algún día se iría de nuestro lado, sin embargo, un día se fue al salir el sol, al paraíso eterno de los japoneses buenos.

Invito a todos los parientes, amigos y paisanos a leer y compartir estas memorias con sus hijos, y platicarles lo que recuerden de la familia, y también invito cordialmente a los lectores a conocer nuestra familia, lo que yo recuerdo, algunas anécdotas y que conozca a Mi Abuelito Japonés: Kikumatsu Kamei Marmoto.

Atentamente: José Kamey Ibáñez.

San José Del Tule municipio de Pihuamo Jalisco México.

En 1917 a finales de la Revolución Mexicana, después de la primera guerra mundial, ya existía este pictórico pueblito en el Sur de Jalisco, su nombre era: Hacienda De San José Del Tule Municipio de Pihuamo. Ahí, dio inicio esta historia... Más o menos así...

La llegada de un joven japonés a San José Del Tule municipio de Pihuamo Jalisco México.

L as brechas eran de tierra blancuzca de balastre y barro, las había también de color canela, café, oscura, y roja. Y todas partían del mismo punto de San José Del Tule hacia las parcelas o a otros poblados y rancherías. Grandes carretas con carga de cañas de azúcar jaladas por cuatro, seis u ocho bueyes levantaban polvareda, había momentos que no se podía mirar por las nubes de polvo que creaba la brecha al paso de dichas carretas.

Por ese camino que olía a miel de las cañas largas y espigadas de color dorado como el oro, y de entre la polvareda, pareciera como si de repente apareciera un joven, caminando y levantando la tierra suelta, y se polvoreaba el pantalón hasta la altura de las rodillas.

Un joven con rostro curioso, de ojitos rasgados y sonriendo asentaba con la cabeza su saludo, dándose a entender que no hablaba el idioma de esta región.

Su maleta pequeña con un par de camisas y pantalones y sus documentos, además de sueños o ilusiones de prosperar fueron su única carga con la que llego mi abuelito Japonés, Kikumatsu Kamey Marmoto. Quien con los años cambio su nombre original por el de Carlos y tendrá una familia numerosa y seria ejemplo de honestidad y honradez, ganándose la amistad de la mayoría de los lugareños.

Los perros ladraban, pero no como para morder, más bien como si cantaran de alegría y también saludaran a este nuevo visitante, las

casas eran pequeñas con grandes patios, había muchas gallinas, coco-
nas, (coquenas) guajolotes, patos, y hasta puercos sueltos.

Los niños corrían por todos lados unos descalzos y otros de huaraches de correas, unos encuerados, otros con sus cuerpos llenos de
tierra de tanto jugar desnudos, otros más tan solo en calzones de tela
de manta.

Los cerros estaban llenos de árboles con frutas sabrosas en ese
entonces desconocidas para este joven, eran de todos tamaños y de
todos los colores, en esas montañas también había ganado, vacas,
becerros, toros, bueyes, chivos, caballos, mulas y burros.

Enfrente de su andar se erguían dos enormes chimeneas con
grandes fumarolas que salía de en medio del poblado y se elevaban
hacia las nubes, perdiéndose entre ellas.

Así, caminando entre la polvareda de la brecha y charpeándose
el pantalón hasta las rodillas cosa que curiosamente le divertía, así
llego a La Hacienda de San José del Tule este joven Japonés, donde
viviría la mayor parte de su vida. Ahí se casó, ahí tuvo a sus hijos:
Isidro, José, Amparo, Carlos y Miguel. Y ahí mismo un día 15 de
junio de 1992 dejando al momento de partir para siempre 47 nietos
y 36 bisnietos.

Sus padres fueron Tukumatsu Kamey y Hank Marmoto, sus hermanos Kizutaro, Kameno, Masako y Lizet.

Su esposa María Josefa Solórzano López de La Hacienda La Purísima Municipio de Tecalitlán Jalisco.

Su nombre en aquel entonces era: Kikumatsu Kamei Marmoto.
(Así aparece en el pasaporte japonés el apellido, "Kamei")

Kikumatsu Kamey Marmoto.

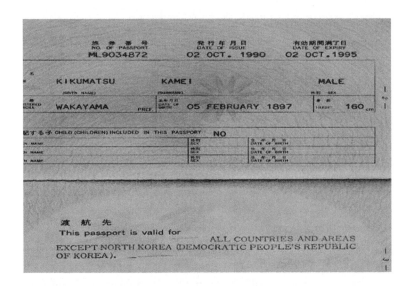

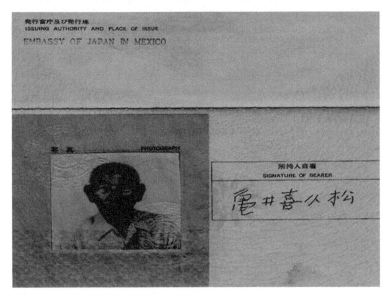

Los orígenes del joven japonés

Kikumatsu Kamei Marmoto nació en Wakayama, estado de Osaka en Japón, el 5 de febrero de 1897. Cuando llegó al poblado, recién había cumplido veinte años; aunque aparentaba menos edad. Por sus facciones y rasgos, parecía todavía un adolescente. Había quedado huérfano siendo todavía muy chico. De pequeño recibió los cuidados de un tío, Mi abuelito venía con meta de llegar a Los Estados Unidos de Norteamérica con dos hermanas, Kameno y Mazako, con ellas y los novios de sus hermanas se aventuraron a realizar un largo viaje, con la intención de cruzar el Océano Pacífico y la meta de llegar a los Estados Unidos.

Sin embargo, el barco en el que habían zarpado de Japón llegó primero a Sudamérica, ahí anclo varios días y de ahí en el barco siguieron su rumbo a Norteamérica. Avanzaban lentamente trabajando por algunos días en los puertos o ciudades adonde llegaba el barco para ayudarse económicamente y así poder seguir el viaje. Era un viaje lento por las llegadas a los puertos donde bajaban o subían alguna mercancía y bajaban o subían nuevas personas a la embarcación.

Fue en una de esas ocasiones que mi abuelito encontró trabajo por un día, y mientras el trabajaba el barco zarpó, el barco zarpo llevándose a sus hermanas y sus novios y dejando solo a mi abuelito, este joven japonés que continuo el camino en otro barco, poco a poco, de puerto en puerto donde seguía trabajando en algún quehacer del pueblo, pero seguía encaminándose rumbo a los Estados Unidos de Norteamérica para alcanzar a sus hermanas.

Así pasaron los días y meses, trabajando y siguiendo su camino a Estados Unidos de Norteamérica; Pero sé había cansado de andar y trabajar y ya no le importaba tanto llegar de momento al país del norte si lo que en su interior buscaba ahora era un sitio donde tomar un breve descanso, tomar un nuevo aire que le diera fuerzas para seguir su camino después.

También tenía ilusión de establecerse y trabajar y asentarse a iniciar una nueva vida, era una de sus tantas opciones en su mente.

Del puerto de Manzanillo Colima se subió al Tren rumbo a Guadalajara, en ese viaje el tren detuvo su andar en un poblado donde había una fábrica de azúcar, era La Hacienda de La Higuera Jalisco y ahí bajo del tren y camino por un camino real hasta otra comunidad que hoy en día se llama el 21 de Noviembre, de ahí a otra comunidad, La Mesita, de ahí a la Mesa de San Antonio y de ahí...

Pensando y pensando, caminando llego al pequeño pueblito con mirada curiosa de ir descubriendo un mundo nuevo para él, mi abuelito en ese entonces no hablaba español, pero sonreía y asentaba con la cabeza haciendo de ese gesto un saludo a todo aquel que encontraba a su paso. Cansado de caminar, con una pequeña maleta, sin saber dónde exactamente estaba; Aunque ya eso no le importaba tanto, sabiendo que estaba tan lejos de su país, tan lejos de la tierra que lo vio nacer, además, tenía la ilusión como lo mencione anteriormente de instalarse, trabajar y prosperar.

Los pensamientos se interrumpían al mirar ese pueblo entre las arboledas al pie de las verdes y azules montañas, encontrando gente morena requemada por el sol de la región, con sus aperos para trabajar.

Las pocas casas de ese tiempo hechas de adobe y madera sin labrar, los solares de las casas grandes la mayoría sin alambre que delimitara las propiedades de los vecinos, de momento la gente que lo miraba sentía curiosidad por saber quien era ese joven, tal vez pensarían que era empleado o pariente del dueño de La Hacienda, pues en ese tipo de fabricas necesitaban a veces de personas que supieran arreglar algo para que el ingenio pudiera trabajar pues en el ingenio usaban bascula rudimentaria para pesar la caña, molino en ese tiempo de Diésel, calderas para el cocimiento de las cañas, contadores para el pago y venta de cañas y implementos agrícolas, y así ahí había muchos puestos de trabajo en esta hacienda.

Así fue como Kikumatsu Kamei Marmoto llego a la Hacienda y fábrica de azúcar de caña llamado, Ingenio De San José Del Tule, municipio de Pihuamo Jalisco.

Todo esto me lo contó mi abuelito y me lo repitió muchas veces como para que no se me olvidara.

(Carlos) Kikumatsu Kamei Marmoto.

San José Del Tule

San José Del Tule, es un pueblito fundado alrededor del año 1700
Se han encontrado algunas monedas de cobre tanto de la región
y monedas de plata españolas de los años 1700 -1800. San José Del
Tule, esta como a un kilómetro de retirado de la carretera federal nacional, pues cuando se abrió dejaron al pueblo apartado de su camino y brecha Real. La carretera federal 110 es una carretera mexicana
libre que recorre cuatro estados mexicanos, Guanajuato, Michoacán
Jalisco y Colima.

La carretera se divide en secciones no continuas, siendo la más
larga la que recorre desde Yurécuaro, Michoacán hasta Manzanillo Colima, que se construyó a finales de 1940 y principios de los 1950, dejando así al abandono el Gobierno del Estado, el mantenimiento de los
viejos caminos reales y brechas de ese entonces, que poco a poco han
ido desapareciendo, pues los lugareños no tuvieron los suficientes recursos para conservar los caminos en buen estado, ya que por esa zona
llueve demasiado cada año, y eso hace que los caminos de terracería se
destruyan más rápido y que la vegetación los borre del mapa..

Mi abuelita y mi abuelito con mi Tía Amparo y sus hijas y mi hermano
Marco Antonio Kamey.

Desde finales de junio hasta finales de octubre, es muy socorrida la región con agua para las siembras de temporal en su serranía, principalmente maíz, caña, de azúcar, fríjol, arroz, calabaza, pepino, etcétera y de árboles frutales tales como mangos y guayabas. Los bosques son espesos llenos de diferentes tipos de árboles, unos de madera muy dura y otros de madera blanda, árboles frondosos y otros no tanto, además de otros tantos árboles de frutas silvestres.

El Tule (así le decimos al pueblito) está rodeado de grandes y altos cerros que son parte de la Sierra Madre Occidental. Ahí al pie, y en medio de estas montañas está el poblado de San José Del Tule municipio de Pihuamo, siendo Pihuamo el último municipio de Jalisco colindando con el estado de Michoacán y Colima, en Colima lo divide El Rio Del Naranjo y en Michoacán por un Rio que se llama Coahuayana.

Lastimosamente y con pena les digo, que, en el Tule, el agua llega limpia de los arroyos y nacimientos de agua de la sierra, y, sin embargo, al no haber un programa de sanación de las aguas residuales, de ahí para adelante, o sea para donde corre el agua, esta va contaminada, puesto que nadie se quiere echar el compromiso de sanación de las aguas. Además, cuando llueve los Arroyos se limpian y bajan grandes cantidades de agua pluvial, sin embargo, no hay presas suficientes para almacenar agua y apoyar los cultivos de la región.

Del crucero hacia el Tule camina uno por la brecha, más o menos los primeros doscientos metros son de camino parejo, con su antigua cancha para jugar fútbol, luego hay una bajada como de trescientos metros, que llega hasta el puente con el río llamado de la Mesa que divide hoy en día el municipio de Pihuamo con el de Tuxpan, ya que antes dividía el municipio otro río que se llama "la Plomoza o Carrizalillo" pero en el gobierno del Presidente Luis Echeverría 1970-1976 hicieron el traspaso moviendo los nombres que originalmente eran los limítrofes y así paso a formar parte como dije anteriormente del municipio de Tuxpan Jalisco, quitándole una parte de la población y fue el barrio llamado el Pozo Santo el que paso a ser parte de Tuxpan Jalisco, así como otras comunidades intermedias, aunque esta población del Pozo Santo hace la mayoría de mandados en Pihuamo pues queda a 8 kilómetros de distancia, mientras que Tuxpan esta como a 45 kilómetros de distancia.

Puente del Pozo Santo que divide el municipio Pihuamo y Tuxpan. Además un desfile con carros alegóricos en Honor a San José. Año 2010.

Mi hermano mayor, cuando era niño: Marco Antonio Kamey Ibáñez.

Segundo hijo de mis padres, Héctor Kamey Ibáñez

Desde los cerros cercanos se ve esta vista del valle de la zona de labor del Tule, con sus cañaverales espigados, como una alfombra de nieve.

Ahora sigo hablando del camino rumbo al Tule desde el crucero, luego de pasar el puente que por cierto es de ladrillo y piedras sin viguetas ni varillas formado por arcos, se conserva fuerte, aunque es un poco angosto pasan por él camiones pesados. Luego el camino sube otros doscientos metros haciendo una curva hacia la izquierda y pasa por el crucero llamado del puntero, pues era un depósito de punta de caña para alimentar el ganado.

Club Deportivo Sección 97, de San José Del Tule 1970.

Años después ahí tuvo su casa grande mi abuelo. Ahí la vereda se divide, a la izquierda el poblado del Tule y a la derecha era el camino real viejo a Pihuamo, era una brecha ancha que tenía desviaciones una rumbo a las montañas y rancherías y la otra continua hacia Pihuamo como les dije anteriormente, en un crucero de la brecha en donde le llaman el zalaton el camino se divide, al frente hacia un punto llamado platanitos, a la derecha hacia el rancho la paz donde tuvo su majadora de arroz, Don Gabriel Verduzco, (Majadora es una maquina que despega la cascara del arroz para ser puesto en sacos listo para llevar a las bodegas y de ahí a las cocinas) Don Gabriel Verduzco, propietario de parcelas de cañas de azúcar, tenía varias bodegas de maíz, y frijol, y enfrente de ahí cruzando la carretera esta otro rancho más chico, que es donde vivieron un tiempo mis abuelitos.

Del zalaton y a la izquierda es rumbo a la Hacienda de San Gabriel y Santa rosa, el camino se divide rumbo a la lima y pasando por el poblado de Belén llega a Pihuamo.

En ese punto del zalaton a la izquierda y como a 500 metros a la derecha de la brecha, se dice que había una finca grande que ahí había un monasterio con monjes que expulsaron de ahí y que ahí mismo murieron varios de ellos, en la propiedad que fuera después de la familia de Don Miguel Montes de Oca, y donde muchos años después mi padre escarbo y don Nicanor Barajas escarbaron buscando algún tesoro, pero solo encontraron restos humanos en lo que parecía una fosa común, por lo que volvieron a tapar el pozo y se retiraron.

Ahora ese terreno esconde las ruinas de esa finca y solo se puede descubrir porque hay ladrillos viejos quebrados sobre la superficie sembrada de caña de azúcar.

Siguiendo del crucero del puntero por la brecha hacia la derecha, rumbo al Tule, se aprecia a la derecha de dicha brecha, una fábrica de jabón edificada en el periodo del presidente Echeverría y dejando de producir al término de su periodo gubernamental.

Ahí le compraron el terreno a doña Simona Moreno en 1973 y el pueblo presente fue testigo de ello, para fincar la fábrica de jabón, una pequeña fábrica de picos y palas además de un vivero para producir plantas frutales yo trabaje ahí, junto con mi papá que era el que sabía injertar y producir las plantas y cuando termino el sexenio de Luis Echeverría nos despidieron a todos porque se había acabado el programa de gobierno, y así nos quedamos sin empleo, y el pueblo se hunde en el abandono de reales ayudas para crear trabajos pues en lugar de crear nuevas fuentes cierran las existentes, y ahora después de haberse cerrado el Ingenio de azúcar, no hay fábrica de jabón, ni elaboración de picos y guadañas, ni viveros de plantas frutales, esto ha sumido al poblado en la pobreza obligando a sus hijos a salir a buscar el porvenir a otros lugares, unos tan lejanos como Los Estados Unidos de Norteamérica.

Bueno, enfrente de esta fábrica de jabón, esta una clínica que era del Instituto Mexicano del Seguro Social. El IMSS.

Esta clínica otorgaba servicio de salud en la época que trabajaba la fábrica de azúcar, antes de 1973. Este es otro edificio abandonado en cuanto a servicios de salud y mantenimiento se refiere y tan solo una parte es usada por el gobierno del estado en programas temporales de salud para las poblaciones de bajos recursos; por lo tanto hoy en día casi nunca asiste el doctor; y si es que lo hay, es por lo regular un pasante de medicina, así que si alguien tiene una emergencia es mejor llevarle al enfermo un sacerdote y le dé los santos oleos porque será difícil encontrar atención medica de calidad en el lugar, eso sí, los doctores que llegan se hacen de buenos amigos del poblado porque llegan buenas personas eso no lo puedo negar varios de esos doctores vuelven al Tule, a visitarlo durante sus días festivos. Pero bueno eso no debe venir al tema, pero ni modo así es.

Las antiguas corridas de toros de jaripeo en el Tule y Pihuamo, montaban a pretal de soga, espuelas llamadas de rodajas y toreros y amigos apoyando con el capote.

PARROQUIA DE
SANTIAGO APOSTOL
Insurgentes 110 Tel. 6-00-36
49870 Pihuamo, Jal., MEX.

OBISPADO DE COLIMA

El suscrito Párroco de Pihuamo, Jal., CERTIFICA que en el libro núm. 6 de
acta de MATRIMONIOS, a fojas núm.71 y bajo el núm. 339, se encuentra el acta
de los tenores siguientes:

AL MARGEN NO.339 - CARLOS KAMEY Y JOSEFINA SOLORZANO - En el año del Se -
ñor de mil novecientos veintidós a los tres días del mes de julio, hechas *
las proclamas entre la misa solemne de tres días festivos continuados que lo
fueron, quince dieciocho y veinticinco de junio próximo pasado y no habiendo
resultado impedimento alguno, Yo, el Pbro. J. Asunción Rodríguez Vrio. de es
ta Parroquia, casé y velé a Don Carlos Kamey con Josefina Solórzano: Padri -
nos: José Carrillo y Ma. Jesús García: Testigos: Irineo Díaz y para constancia firmo -
Pbro. J. Asunción Rodriguez - - - - - - - - (RUBRICA)- - - - - - - - - - - -

A solicitud de los interesados y para los usos y fines legales que les con
vengan, se extiende la presente a los once días del mes de marzo de mil nove
cientos ochenta y cinco.

DOY FE

PBRO. OSCAR LLAMAS SANCHEZ.

El Tule, el pueblito originalmente solo tenía fincado de casas un cuadro estilo fortificación, encerrado por bardas como un fuerte militar y dentro del pueblo, cuatro cuadras con sus calles, dos grandes puertas llamadas zaguanes, una al lado de la sierra y otra para el lado de la carretera nacional, en aquellos tiempos era salida por brecha rumbo a Belén y de ahí a Pihuamo, en este pueblo en una de sus esquinas hacia el lado de la sierra esta lo que fuera la fuente de trabajo principal:

Mi abuelito joven, en blanco y negro.

El Ingenio y Hacienda de San José Del Tule, El nombre del pueblo lo impuso el dueño oriundo del antiguo Zapotlán el Grande Jalisco, en honor a San José quien es el Santo Patrón de la antigua Zapotlán. En San José Del Tule la mayoría de casas eran de un solo piso, pues las primeras casas de dos pisos, que recuerdo, son una la de contra esquina del corredor donde se juntaban los trabajadores a cobrar su raya del ingenio, ahí, mi abuelito edificó el segundo piso de madera, para vivir con la familia mi abuelito, y que después vendió a Elías Verduzco en cien pesos.

Enseguida del Zaguán de arriba estaba un cuartito, donde había un vigía y avisaba si venia alguien sospechoso para abrir o cerrar el zaguán, y despúes de terminadas las revueltas de la Guerra Cristera ahí es donde llegaba un señor con mercancía desde Guadalajara, le decían don Teódulo, luego una tiendita de la Familia Aldama que se fue después a vivir a Armería Colima, enseguida esta la casa Don José Barajas comerciante y ganadero que cuando se casó llevo a su fiesta al Mariachi Vargas de Tecalitlán según contaban los habitantes Don José Barajas tenía sus parientes en Tecalitlán y algunos tomaron parte de este famoso Mariachi, enseguida esta la casa de la familia Aldama, y Don Bernabé Arias y familia una casa grande de dos pisos, y en su primer planta don Bernabé puso un billar con mesas de pool y carambolas.

Luego sigue la casa y molino de nixtamal de don José Pinto y su esposa Amelia Tapia Ibáñez prima hermana de mi mama e hija de Alejo Tapia y mi tía Jesús (Chuy) Ibáñez García ella era hermana de mi abuelito paterno Carlos, y fueron padres de Amelia, María, José, y Samuel censados en 1930, luego la casa del sastre Gil Gálvez y su esposa Consuelo López con un cuarto en un segundo piso, le sigue la casa de la Familia Toro, la casa de los Moreno, luego la casa de Don Carlos Delgado y Doña Trinidad Trujillo y familia, la casa de Marcela y Pedro, La casa de Rubén Mora y familia, le sigue la casa de Doña Catalina Ruiz viuda de Amezcua, creo que su esposo se llamaba José Carmen Amezcua, doña Catalina vendía comida en tiempos de zafra del ingenio y cenaduría, enseguida esta la casa de doña Chuy Aviña y la de la familia Chávez.

Enseguida esta la casa de Don José Manzo y familia, luego la casa de la Familia de Bernardo Rebolledo, después la casa de Don Carmelo Moreno, luego la casa de Juan Guzmán (Apodado Juan Bibiano, apodo tomado por su mama que se llamó Bibiana Larios y su papa Leonardo Guzmán. Juan se desempañaba como obrero y peluquero) y su esposa Eloísa Sabas. Enseguida la casa de Don José García del cual recuerdo a su esposa que se llamaba Luisa y ahí en esa casa paso a mejor vida; luego está la casa donde vivo Don Tomas Macías, y la casa de la familia de Don Jesús Sabas y Doña Rosario Déniz, es casa de dos pisos donde estuvo la oficina de correos durante muchos años y en uno de sus lados tenía un ventanal con barrotes de fierro donde ahí entregaban o recibían las cartas, Conchita, Miguel, y Aurora ayudaban a sus padres en esa labor. Luego la casa de Feliciano (Chano) García, y enseguida la casa de Santos Palomo, Pedro Sabas, Chepa La Chaparrita, Don Panchito y Doña Piedad Ramírez Sabas, luego la Familia de Don Ricardo Reyes y su esposa Victoria, Familia Gutiérrez Moreno Don Jesús y Doña Beatriz Moreno, Don José María Sabas (Chema) y María Estrada y su familia, enseguida la casa de José Guzmán y Concha Moreno, y pegado al zaguán Gonzalo Moreno.

Después del Zaguán llamado Zaguán de abajo, entrando al poblado estaba un gran corralón en cuadro que servía de caballerizas y donde guardaban punta para los animales, y también adecuaban para que sirviera de plaza de toros de reparos donde vi por primera vez jinetear a mi papa José Kamey Solórzano, y donde tiempo después hicieron unas casas para los empleados y la plaza la cambiaron afuera del zaguán que estaba al otro extremo del pueblo y le llamábamos zaguán de arriba donde había un gran baldío, Bueno después de donde estaba el primer corral vivía don Celso Fregoso y su familia, que por cierto recuerdo que tuvo muchos hijos, entre ellos las cuatas Cecilia y Lupe, y ahí murió una de sus hijas al caerse de la barda alta.

En el zaguán de arriba por dentro del casco del pueblo, esta la casa de la familia de Don Miguel Ramírez, y enseguida había un restaurant y cenaduría, de la familia Aldama, luego vivía Doña Chayo quien daba clases de preescolar y tenía parientes en México, recuerdo a doña Trine, y su hijo Fernando un chiquillo algo gangoso al hablar y ahí termina esa callecita. Junto a la casa de don Miguel Ramírez sigue la calle por un costado del templo de San José Obrero, ahí sigue la casa donde vivía la familia de la mama del Palillo, luego la casa mi Tío Ramón Toro mi Tía Concha Solórzano hermana de mi abuelita paterna, enseguida doña Sabina y su hijo Luis Toro, luego la Casa donde también vivió mi abuelito y ahí después fincaron cuartos para empleados del ingenio, luego la casa de Don José De Dios quien tenía tierras y ganado para el rumbo del cerro llamado las Palmas y el Cirian y de ahí sigue la casa de Los Gaitán, y enseguida la casa donde vivía Guillermo Verduzco apodado el Equipal, y después ahí vivió un tiempo mi tío Daniel García con mi tía Amparo Kamey, hija de mi Abuelito Kikumatsu Kamey Marmoto antes de comprar la casa donde vivió don José Godínez; pegado a la casa de Guillermo Verduzco estaba una bodega de tambos de hojalata o barriles, con petróleo que se vendía a la gente del pueblo, pues no había electricidad y servía para encender la leña y para aparatos de mecha y que ayudaban a alumbrarse por las noches, este expendio lo atendía la familia de Don Gabriel Verduzco.

De ahí sigue la entrada al Ingenio de azúcar, en esa entrada estaba la báscula que pesaba los camiones cargados de cañas quemadas, para de ahí pasar al molino.

Como les dije todo el pueblo tiene sus casas formando un cuadro como fuerte estilo militar, las casas con vistas al centro del pueblo, y por la parte de atrás con una barda alta como de cuatro metros, con pequeños orificios para defender a balazos si es preciso la entrada de los delincuentes.

Enfrente de la entrada por donde mencione la báscula y pasando de seguida la puerta sin entrar, le siguen unos cuartos que eran ocupados por el administrador y algunos empleados.

Enfrente de estos cuartos que antes tenían barrotes en sus altos ventanales, (Parecían barrotes de cárcel) Bueno enfrente esta la cuadra donde se edificó La iglesia de San José Obrero antes tenía una barda alta de ladrillo sin enjarrar o pintar y unos árboles; Unos guayabos, un chico zapote negro, un palo blanco y por fuera de la barda de la iglesia había un tanque de agua de donde se abastecía la población para uso de lavar ropa y trastes y otros usos domésticos.

Pegado junto a la iglesia por la parte de atrás la casa donde vivió Antonio Delgado apodado el payaso, después vivió ahí Julio Déniz y su familia, luego sigue la tienda de Don José Barajas, enseguida el salón que fuera escuela Jardín de Niños Otilia Sánchez, antes de que hubiera escuela primaria federal y quien daba clases hasta el tercer grado, (Equivalente a profesional de hoy.) La maestra Otilia Sánchez fue muy querida y recordada por los alumnos que aunque pocos reconocen su labor educativa, ahí asistió mi mama a las clases de primaria, de ahí sigue la casa donde vivió Don Agustín Carrillo y Familia, enseguida estaba un cuarto donde vivió Antonio Mora apodado Antonio La Rana, luego la huarachería de Don José Moreno quien era obrero del ingenio y en sus ratos libres hacia huaraches y se le podía mirar cuando adecuaba los cueros y los cortabas haciendo las correas para producir sus huaraches llamados de araña y dobles con suela de llanta, y con dos mesas de juego de futbolito.

Enseguida de la huarachería estaba la oficina del sindicato sección 97 y ahí tenían su vitrina con trofeos ganados en los torneos del futbol, porque el Tule tenía muy buen equipo de jugadores, de ahí sigue la tiendita de Don Goyo Arias, era chiquita, pero vendía golosinas para los niños además de verduras y frutas y un poco de abarrotes, luego otro cuarto en la esquina donde tenía su negocio de carnicería Guillermo Verduzco, apodado el Equipal.

Luego dos bodegas que se usaban para guardar azúcar o para guardar los fertilizantes a según fuera la temporada, de ahí enseguida una casa donde vivían algunos empleados ahora de la Familia de Carlos Aviña quien fue mi padrino de primera comunión, ¡¡y una casa pegada al límite de la iglesia de San José Obrero donde vivió José Sabas apodado !!El pelón!! Y su esposa María Ramírez Carrillo, tía de mi mama.

Enseguida estaban los primeros cuartos y casa que sirvieron de oficinas a la iglesia del Tule donde se honra al señor San José Obrero. Ahora es un espacio con piso de concreto, donde un tiempo se pensó que podía ser un jardincito, pero no está solo el solar encementado y le falta una sombra. Por cierto, desde adentro del templo, desde el altar se ven las ruinas de la hacienda o el ingenio enfrente, y algunas veces se ha pensado en utilizarse ese lugar para hacer un parquecito de juegos para niños, pues sola se está cayendo esa edificación, pero pasa el tiempo y sigue igual.

Corrido a San José del Tule

(José Kamey)

Tengo gusto de ser de aquí, tengo sangre de esta tierra,
Que huele a caña y maíz.
Aquí nacieron mis padres, y crecieron mis abuelos,
Dios lo decidió en el cielo, y por eso aquí nací.
He andado en su serranía, y he visto nacer el día,
Igual que su atardecer,
He trabajado en el campo, conozco bien el arado,
Es mi piel color del barro, y soy un hombre de ley.
Unas montañas azules, son las guardias de mi pueblo,
Que por siempre he de querer,
Aunque yo me marche lejos, y vaya a tierras extrañas,
Con esta gente bendita, algún día quiero volver.
Tengo gusto de ser de aquí, entre veredas y brechas,
Y los arroyos crecí,
Aunque anduve de huaraches, he cantado con mariachi,
A las muchachas bonitas, porque así somos aquí.
Tengo amigos y parientes, con alma noble y decente,
Que extrañe lejos de aquí...
Me gusta estrechar sus manos, soy de corazón hermano,
Para los que no sabían, en este pueblo nací.
En novenario de fiestas, la banda suena en las puertas,
Antes del amanecer,
Se escucha hasta por las lomas, donde cantan las palomas,
Que divisan canturreando, mi pueblito san José.

Panorámica de San José Del Tule.

Visitantes japonesas en Manzanillo Colima con mi tía Amparo Kamey mi mama Jesús Ibáñez además mi hermana Gabriela y su hijo Jesús.

Mi abuelito logro estar varias veces en contacto con sus paisanos, pues en Manzanillo Colima esta el puerto donde llegan flotas japonesas y mi abuelito varias ocasiones llevo a la familia a conocer sus paisanos, me platicaba mi abuelita que en una de esas ocasiones un japonés de la flota le regalo un bonito paraguas, y mi hermano Marco también obtuvo un regalo de parte de los paisanos de mi abuelito.

Con dos japoneses visitando Manzanillo Colima, además mi hermano Israel, mi mamá Jesús, mi sobrino Jesús, su mamá y también hermana mia Gabriela, mi tía Amparo Kamey y mi hermana Kameno y una amiga.

En una reunión en Colima con representante de Japón.

A continuación, comparto la reseña del Ingenio de San José Del Tule de Mi amiga Alma Rodríguez Hinojosa de Pihuamo.

DEL COFRE DEL PASADO.
Hacienda de San José Del Tule y el Ingenio azucarero.
Con Aportación de Alma Angélica Rodríguez Hinojosa.
Muchas Gracias.

Don Isidro Mendoza, rico comerciante radicado en Zapotlán el Grande (Hombre Ilustre de la ciudad) compró al señor Rafael Sandoval en 1871 una gran extensión de tierras, que abarcaban gran parte de Buen País, Padilla, Viborillas, Huizachera y ojotitancillo donde tenía un trapiche junto al río y se fabricaba Piloncillo, cachaza y alfeñique y fue su hacienda de San José del Tule una de las principales productoras de aguardiente de caña, azúcar y maíz así como de ganado y caballos .En 1919 vendió la Hacienda del Tule a su hijo el Dr. José Eustaquio Mendoza Ruíz, quien era Médico de profesión y una de las personas más ricas y poderosas de Zapotlán en Grande en 1936 tenía 3549 hectáreas, un gran latifundio que logró conseguir en los alrededores de su Hacienda, previendo la invasión ejidal Don Eustaquio distribuyó a sus trabajadores estas tierras formando 223 parcelas de 4 hectáreas cada una, formando pequeñas propiedades que iban pagando a plazos. En enero de 1937 fue registrado el sindicato de Trabajadores de la industria azucarera y similar Ingenio San José del Tule Sección 97.

En 1940 se constituyó la sociedad Ingenio San José del Tule S de RL.

El 15 de abril de 1941 un tremendo terremoto lo sepultó en escombros y en 1942 un incendio lo redujo a cenizas.
En 1948 el ingenio propiedad de don Eustaquio Mendoza dejo de laborar.

En 1959 se constituye la Azucarera del Tule S.A. El Lic. Ambrosio Zetina compró a precio de chatarra con el propósito de echar a andar este ingenio la planta industrial San José del Tule quien desde 1959 hasta 1962 reparó y reanudo actividades, así duró 12 años trabajando hasta 1972, en que fue el último periodo de este emporio azucarero. Como el ingenio se fue a la quiebra la empresa ofreció trabajo en otro ingenio, mucha gente emigró a El Naranjo S.L.P. Se hicieron muchas peticiones para reanudar los trabajos del ingenio ya que nuestra región es muy fructífera para el cultivo de la caña, pero fueron rechazados muchas veces. Recordar esos días de tanto bullicio y Movimiento en San José del Tule, el ir y venir de los camiones, las carretas y las bestias cargados de caña, las cuadrillas de trabajadores del ingenio o los que se iban al campo con guadaña en mano, los días de raya en la antigua oficina del portalito, donde esperaban su raya jugando , apuestas, dados o baraja, los días de fiesta de San José Obrero, las visitas de los ballet folklóricos, las obras de teatro y tantos eventos culturales, son parte de una historia que quedó enterrada en el pasado.

Foto al frente mi prima Leticia García Kamey y Velia Fregozo Gaytán.
Así eran los desfiles del 1 de mayo, 16 de septiembre y 20 de noviembre
cuando el ingenio producía azúcar.

Y los premios a ganar torneos eran bonitos, como este, un viaje a la playa.

Un reconocimiento a todas esas personas de San José del Tule que dejaron su vida y el sudor de su frente que con su dedicación y trabajo hicieron posible que este pedacito de nuestro municipio de Pihuamo llegara a ser lo que fue, y también para las personas que quedan ahí tratando de preservar lo que quedó .Agradezco a quienes me han platicado algo de su historia y su grandeza, sus ruinas, sus muros, la soledad y el polvo guardan muchos capítulos de muchas vidas.

Desde pequeña me toco visitar este ingenio muy a menudo ya que mi padre Gonzalo Rodríguez en Pihuamo fue el Distribuidor de la Unión Nacional de Productores de Azúcar de esta región, por casi 20 años.

Muchas gracias, Alma Angélica Rodríguez Hinojosa por tu aportación.

Bueno ahora voy a pasar a decirles quienes vivían en la siguiente cuadra de enfrente de la calle en cuadro mencionada…Empezare con un estanquillo de verduras y carnicería que atendía Don Carlos Delgado, esposo de Doña trine Trujillo. Enseguida la casa de la familia de Aurelio Mancilla, luego la casa de Rafael Godínez y mi tía Micaela Ibáñez García quien era hermana de mi abuelito paterno y mama de Lola, Agustín apodado el indio, Rafael El Chato, y Chuy apodado El Chivo, luego estaba la casa donde vivió mi mama cuando chiquilla, era la casa de mi abuelito Carlos Ibáñez García, hermano de mi tía Micaela...después conocí la casa de Juan Palomo, y la casa de Don Leonardo Guzmán y familia, su esposa Biviana Larios y sus hijos Leopoldo, Albino, Silvina, Prisciliano y José, Don Leonardo por cierto amarraba un macho mular grande afuera de su casa donde había un árbol de la familia de pinos y de ahí amarraba su macho de una de esas ramas, y contaban como anécdota que: Un día de tantos llego del cerro de sus labores a la hora de comer y le dijo a su esposa Bibiana...!!! ¿Ya está la carne? A lo que su esposa contesto: ¿Órale pos cual trajites?

Bueno y también estaba la casa de la Familia de Don Refugio (Cuco) Hernández Hermano de Don Alejandro (a quien le decían don Alejo y vendía birria de chivo y su esposa fue Luisa Macías), y la esposa de Don Cuco fue Doña Chuy Mercado, y en la esquina vivía Don Ismael Urtiz, dándole vuelta a esa cuadra vivía Don Juan Rangel y su esposa Elvira Rebolledo, enseguida la Familia de Don José Corona, y luego la casa de la Familia Moreno Doña cuquita Moreno muy devota de la iglesia, y tenía en su casa unos santitos e imágenes de bulto en vitrinas muy bien conservadas, adelante esta la casa de José Arias (Zancarreal) y Trine Sabas, luego la casa de Doña Simona, que también era maestra de kínder y daba clases ahí mismo y ponía unas sillas chiquitas de las que hacían de una planta llamado tule, y por último la casa de José el Sansón él era Peluquero y obrero del ingenio.

En la siguiente cuadra llamada calle de en medio, está la tienda y casa de la familia de Manuel Verduzco casado con Consuelo Olivares, esa tienda estaba muy bien surtida y era atendida personalmente por la familia, y de ahí sigue la casa de Juan Cruz y su esposa Amparo García, luego la casa de Esteban Gaitán y su esposa Domitila, después sigue la casa de la familia Macías apodados los guachos, no sé por qué. Enseguida vivió Ramón Rivera con Rosa Lara y familia, seguida de la casa de la Familia Moreno con don José el huarachero y obrero, mi Tía Chuy Ibáñez García, don José Rebolledo casado con Consuelo Ramírez, Don Lico Padilla, Familia Salvatierra, Don Goyo Arias, Familia de Don Jesús Manzo, apodado Don "Chuy chacales y se esposa Celestina," la familia de Noyola y Doña Anselma partera y buena para tomar los llamados rebajados, que son alcohol de caña en un vaso con agua y un poquito de jugo de limón y azúcar. Disculpas por si omito algunos nombres o brinco alguna casa, es que la memoria ya me empieza a fallar.

También conocí en esa calle la casa del profesor Isidro Larios Carrillo (Hijo de mi tía Jesús Carrillo y mi tío Marcos Larios.) y su esposa Rosalba, luego la casa de José apodado la cuirria obrero y chacalero que salía a los arroyos junto con mi papa, y Eligio Padilla y familia en la esquina, esa casa lindaba con la casa de don Chuy Cazares y familia que llegaba hasta la siguiente esquina, Don Chuy Cazarez también tenía un estanquillo y vendía abarrotes, galletas y pan, luego está la casa de mi tío El Chato Godínez Ibáñez, hijo de mi tía Micaela; luego la familia de Juan Macías y María Lara, luego la de un señor que le decían el Veracruzano, era obrero y elaboraba papalotes o cometas de papel llamado de china muy bonitos y coloridos y los volaban alto, después seguía la casa de Doña Chuy Sabas !!! ¡¡La enchiladera!! Pues vendía cena afuera de su casa, luego está la casa de la familia González apodados los cerillos, La Familia de Gaudencio Arias y Leonor, la Familia de Marcelino Ramírez y Alicia Velazco, Fernando Aldama y Familia y un negocio como cenaduría y cantina, vendía cerveza y refrescos además cacahuates bien doraditos y sabrosos que ahí mismo doraba, también tenía un molino de nixtamal; Al otro lado de Fernando vivió La familia Quiroz, ¡¡al señor le decían!! ¡¡El Gordito Quiroz!! cuidaba un zaguán de entrada al ingenio y era barrendero del pueblo por parte del ingenio.

En la siguiente casa, Don Agustín López era birriero de los meros buenos tenía dentro de esa propiedad el horno para cocinar la birria de chivo que vendía afuera de ese domicilio, mi papa un tiempo le ayudo a sacrificar chivos y en la preparación de la birria, luego enseguida vivió Don Cirilo Rivera y Familia, le seguía Don Ruperto Barajas carnicero, mataba una res en viernes y acababa la carne el sábado, y el domingo mataba un puerco, y a veces mataba otro puerco entre semana; Ya de ahí sigue una casa al doble o triple de propiedad que las demás de esa cuadra, la casa de Don Gabriel Verduzco y familia.

Para terminar esta la tienda y casa donde también vivió unos años mi abuelito Kikumatsu Kamey Marmoto y ahí le construyo un segundo piso de madera y esta propiedad se la vendió a Elías Verduzco en cien pesos, Con el tiempo esta casa paso a ser propiedad de la familia de Gabriel Verduzco y esta casa pega con la de Don Manuel Verduzco, así que ahí termina esta cuadra.

Volcán de Fuego y Nevado vistos desde el cerro llamado Las Clavellinas por el lado de donde amanece el sol en el poblado.

Bueno, ahora continúo con mi explicación de cómo y cuantas familias había en el Tule.

En la siguiente cuadra había unas bodegas del Ingenio, cuando estaban vacías exhibían películas en blanco y negro, que llevaba mi abuelito le decían el cine Borneo, a veces en sociedad con Aurelio Barajas, o a veces los llamados húngaros con sus muchachas nagualonas y que decían que leían las manos, hacían su negocio en el Tule, por cierto ahí fue la primer vez que mire el desorden y desaseo de esas familias, hacían montones de ropa sucia, y se iban al río a lavarla sin jabón, usando solo algunas frutas y yerbas de la región para limpiarlas, tenían una gran fama de trinqueteros, estafadores, y decían que adivinaban la suerte. ¡¡También tiempo después había otro señor que le decían!! ¡¡El Tonaya!! ¡Y decían ahí viene el cine Tonaya, anunciando en su camioneta azul! Hoy esta noche le presentamos la película animas trujano, en sonido estéreo, ¡¡Los muertos no hablan!! Traiga su silla para que este cómodo. Qué tiempos aquellos de 1960's. O las películas de Viruta y Capulina con los Reyes del Volante y otras más.

Bueno en esa cuadra de bodegas al terminar estaba una parte con piso de cemento bien pulido, era parte de una bodega de las que primero tumbaron, estaba liso y podía uno jugar hasta patinando en huaraches, y ahí jugábamos fútbol los niños, eran unos quince metros de largo por veinte metros de ancho que le decían la erita y ahí celebraban las kermeses del poblado, ¡¡Anunciaban!! Gran Kermesse, con rifas, venta de flores, ponche, cárcel, lotería, y cenaduría, ¡¡y para bailar en la kermesse el conjunto de los negritos!! Querían decir que era un sonido de discos de pasta gruesa. Bien a la sombra de un árbol muy frondoso al que le decían el Zalaton, y como este quedaba enfrente de la casa donde vivía don Pedro Manzo casado con Doña Chuy Sabas la que vendía cena, le llamaban el Zalate de doña Chuy. Ahí cerca de donde estaba el Zalaton está el kiosco del Jardín de San José Del Tule.

Arriba en dirección del centro del techo del quiosco estaba el árbol de Cobano, este estaba a un lado del camino que llevaba a La Santa Cruz, Canoítas, La Mesa de San Antonio, Ojo titancillo, La Mesita, Y la comunidad del ejido 21 de noviembre. El cobano era muy conocido, por su sombra y sus semillas medicinales para el empacho, y fue de ahí que se cayó, mi amigo Carlos (Bogas) Rebolledo Ramírez.

Ahí en esa dirección del árbol de Cobano había noches que se miraba una luz, que bajaba y subía por el cerro, como sostenida en el aire, y nadie sabía porque o quién era, se decía que era una anima, y que el que le hablara tendría de recompensa saber dónde había dinero enterrado, y esa luz bajaba derecho por entre la vegetación de chamizos, guásimas, guayabos criollos y más arbustos y yerbas, y luego se regresaba de abajo hacia arriba, perdiéndose en un abrir y cerrar de ojos.

En dirección de la cúpula del kiosco del jardín se aprecia el cerro del bosque llamado la barranca, donde hay un arroyo y la cascada llamada del Salto.

Este bosque llamado la barranca tiene paisajes muy preciosos, es un lugar estupendo para ir a comer, o para ir a pasear, o bien para ir a cazar o pescar Chacales, hace muchos años había muchos peces, truchas, cangrejos y unos peces llamados Chihuilines. Ahora son muy escasos, tanto que están en peligro de extinción.

El Salto aquí se forma esta pequeña cascada en tiempos de lluvias.

Más adelante están las comunidades llamadas, San Gabriel del limón, Santa Rosa, San Isidro, El Jaral, y algunos puntos con ranchos como El Colomito, La Parotita, Monterredondo y otros más.

Aquí en el pueblito San José Del Tule donde se construyó el jardín, a mediados de los años setenta, eran antiguamente bodegas donde guardaban azúcar o fertilizantes, en otras dos bodegas con el tiempo fueron tiendas nacionales CONASUPO que abastecía a precios autorizados los abarrotes, y otra bodega a finales de 1800 e inicios de 1900 se acondiciono como capilla y es donde está el señor San José Representante de los obreros. Donde estaban las bodegas que mencione primero ahora es un parquecito muy bonito con kiosco, y varias jardineras donde había muchas flores de rosal y buganvilias y algunos juegos para niños y ahí en ese jardín se llevan a cabo los bailes, así como los eventos culturales y políticos del municipio, antes de ahí, los eventos se llevaban a cabo en la cancha de la escuela primaria o en el corredor donde era la caja de raya.

Cuando fabricaba azúcar el Tule en su ingenio, había mucho movimiento comercial, muchos vendedores ambulantes de diferentes poblaciones lo visitaban cada semana, y se acomodaban a vender en las banquetas y hasta en el corredor de la caja de raya, o sea donde pagaban a los trabajadores del ingenio, obreros, empleados y cañeros. Ponían su mercancía en la parte céntrica del tule y donde había más movimiento de los pobladores. Los sábados llegaban los camoteros de Tuxpan Jalisco, con sus camotes tatemados. Del cerro rumbo de Santa Rosa bajaban a vender Duraznos, los pesaban en una balanza antigua como dos charolas de balsa y con piedras de contrapeso, ¡y recuerdo que una vez le preguntaron al vendedor que si era exacta o legal su bascula de balanza a lo que ese señor contesto! Mire si mi báscula de balanza no es más que exacta. Me dejo que me corte el buche.! Hay, que cosas verdad.? También visitaba al poblado un señor güero de Sahuayo Michoacán vendía rebozos, huaraches, sandalias y ropa casa por casa, otro señor desde Guadalajara se quedaba en el cuartito que les mencione anteriormente que era el cuarto del vigía y que estaba pegado al zaguán de arriba por el lado de adentro del casco de la población, al señor le decían Don Teódulo, y es el que vendía ropa en abonos, otros personajes más llevaban juegos de ruleta y trompo para tentar la suerte, aunque tenían fama de trinqueteros o tramposos, pero la gente jugaba, esperando ganar un dinero fácil.

Otros vendían tacos al vapor, era carne de cabeza de res cocida en olla con especias y tortillas calentadas sobre la carne bien picadita, con su cebolla chile o salsa de tomatillos espesada con masa, y un poco de limón, hum bien sabrosos. Menudo por las mañanitas, y varios birrieros hacían su lucha gritando ¡birria de chivo tatemado al horno con sus tortillas recién hechas! Ay que recuerdos, como dije: Antes había mucho movimiento en el Tule.

Mi abuelito tuvo durante su vida negocios como tienda, y granja sin dejar de trabajar la carpintería, y saludaba a sus amigos en Pihuamo como Don Gonzalo Rodríguez surtidor autorizado de azúcar, para comprarle, abarrotes, telas y alimentos para sus pollos y gallinas, mientras conversaban amigablemente, de cómo estaba el Tule y Pihuamo. Llevaban muy buena relación, así como con Don Miguel Ceballos quien atendía la primera ferretería de Pihuamo, Don Enrique Solórzano, y Don Rafael Amezcua a quien apodaban el mocho, la familia Jaso, Don Luis Ruiz y la familia Mora y Carnicerías como las de Los Sánchez y Quiñones, así como otras muchas personas de Pihuamo.

Estandarte de los 1960'S Sección No. 97 Ingenio San José Del Tule municipio de Pihuamo Jalisco. De izquierda a derecha Ismael Urtiz, Juan Cruz, el joven es Armando García, y atrás de Armando, Esteban

Ramos. A su lado junto a Juan Cruz esta José Manzo, y en medio de José Manzo y Esteban Ramos esta Santos Palomo. Puedo asegurar que el señor que camina a la derecha junto a una niña es Celso Barajas, su manoteo es inconfundible a través de los años, así desfilaban el día 1 de mayo y el 16 de septiembre, así como el 20 de noviembre. Atrás de ellos se puede apreciar como la gente participaba en estos desfiles, trabajadores Obreros y empleados, estudiantes de primaria, y las familias en las puertas afuera sus casas mirando pasar gustosos su familia y su gente.

Bueno, ahora regreso de nuevo al tema de mi abuelito. Cuentan que si tenía hambre se acercaba a los puestos de comida y a señas pedía de comer, y sacaba dinero para pagar. Así fue como fue tomando hábito por las comidas regionales mexicanas (porque no le quedaba de otra, o comía de esas o comía frutas. No había más.) Algunas comidas muy picantes, de las cuales solo exclamaba entre sorbos de aire "¡Esta ara sabrosa!". Ese acento u tiple para hablar se le quedo para el resto de su vida, pues aprendió a hablar el español o castellano, (Por cierto yo quisiera que se le llamara idioma español mexicano por su singularidad y modismos nacionales del País.) sin perder ese estilo singular japonés y así fue como mi abuelito se quedó en este pueblito llamado San José Del Tule, en Jalisco.

Pronto hizo amigos, y empezó a aprender el idioma español, mezclado de modismos naturales del pueblo, pero con ese acento como dije anteriormente muy especial y que jamás perdió.

Como les iba diciendo, empezó a trabajar de carpintero burdo, haciendo ruedas, redilas y carrocerías para las carretas que transportaban las cañas para el molino, pues todavía no llegaban los camiones de gasolina o Diésel al poblado, mucho menos los híbridos o solares que existen ahora.

Dicen que su capataz de nombre Atilano Ramírez casado con Victoria Carrillo, tía de mi abuelita Gabriela, madre de mi mama. Por lo tanto, Don Atilano Ramírez era mi tío. Él era oriundo del lugar, un hombre moreno y fuerte, alto de estatura y voz de trueno. Él observo que el japonés era hábil para trabajar la madera y que sabía hacer trabajos más finos, lo cual le comunico a su patrón, así que pronto lo pusieron a fabricar muebles con madera fina bien pulidos y barnizados, brillosos por la resina especial que les untan para que los muebles duren muchos años. La Parota, es el nombre regional a cierta clase de caoba que es la madera más fina de la región para la fabricación de muebles. Así con madera de Parota empezó a hacer comedores, camas, roperos, sillas, jugueteros buros, etc. Todos hechos con una precisión exacta y bellos arreglos al inicio eran con algo de estilo japonés y después fueron cambiando a un estilo más barroco, envidiable para muchos.

Estos son algunos de los trabajos hechos por mi abuelito.

Las Puertas de la casa donde vivieron mis padres y ahora sigue perteneciendo a la familia Kamey.

Un mueble llamado cristalero, todo hecho por mi abuelito.

Luego se dieron cuenta que mi abuelito japonés sabia matemáticas, algo escaso para la época y la gente del lugar, por lo que tiempo después trabajo de basculero, pesando las cañas de la molienda. Y de ahí viene una de sus primeras anécdotas:

Anécdota El Pesaje de la Caña

Pronto se dio cuenta mi abuelito que a los cañeros se les robaba en la pesada de sus cañas, y cuentan que como ya tenía amigos y tomaba y convivía con ellos le comento a uno de sus amigos cañeros, lo que pasaba; A lo que su patrón al enterarse de ello le dijo: "no mi japonesito, no le diga a los cañeros lo que les robo, que ahí es donde están mis ganancias, pues el negocio de azúcar no es muy bueno", a lo que mi abuelito le contesto: "Si tiene razón, pero mis amigos también necesitan ese dinero para sostener familia, no robe, porque si no a usted también lo van a robar, porque el que a hierro mata a hierro muere". Que es lo mismo, con la vara que mida será medido. A pesar de esa discusión mi abuelito siguió trabajando de basculero y su Profecía con el paso de los años se cumplió, pues los empleados de confianza robaron tantas veces al patrón, lo que llevo a la quiebra del ingenio varias veces antes de ser embargado la última vez por Nacional Financiera en 1973.

De ahí las tierras que eran propiedad del ingenio de la noche a la mañana amanecieron con nuevos propietarios, uno de tantos grupos llamados ejidos. Ellos tomaron la posesión de muchas tierras, la mayoría eran de la hacienda del Ingenio tanto en la sierra como alrededor del poblado del tule.

A un lado de Santa Rosa, esta una gran hacienda es La Hacienda de San Gabriel del Limón, también producía azúcar, y usaban tarros o vasijas de barro, para guardarla y ahora son usados como maceteros para las plantas de ornato. Ahora esa hacienda es usada como lugar de veraneo y vacaciones, por sus dueños que radican en la capital, es conservada en buen estado, por parte de la familia de descendientes de Don Enrique Muñiz (Hoy en día la cuida Francisco "Pancho" Muñiz) y es un lugar muy apacible y tiene una capilla dedicada al Arcángel Gabriel.

El día que se realizó el matrimonio entre mis abuelitos: El Japonés Kikumatsu Kamey Marmoto con María Josefa Solórzano López, ahí, a mi abuelito se le bautizo, con el nombre de Carlos Kamey Marmoto (Yo creo que ahí se hizo el error de su apellido y se le escribió Kamey en vez de Kamei) dado que no había muchas personas que tuvieran un buen grado académico, pues no había muchas escuelas. Y bueno así fue como quedo el apellido Kamey que nosotros honrosamente llevamos. Y dado que les era difícil pronunciar su nombre original (Kikumatsu) y también por recomendación del administrador del Ingenio pues en las noticias se hablaba de problemas internacionales entre Estados Unidos y Japón, y ya con la reciente experiencia pasada de la primera guerra mundial los japoneses eran vistos como gente peligrosa y hasta como terroristas y se les buscaba para investigarlos y de ser parte del gobierno japonés los apresaban, por eso le cambiaron el nombre y le bautizaron con el nombre de Carlos Kamey Marmoto, además, ahí en ese mismo día hizo la primera comunión, adoptando la religión católica.

En el mes de julio del año 1922 mi abuelito contrajo matrimonio con mi abuelita María Josefa Solórzano López, (Mi Abuelita Chepa.) Originaria del ingenio azucarero de La Purísima municipio de Tecalitlán Jalisco, tierra del mejor mariachi del mundo, El Mariachi Vargas de Tecalitlán.

La Purísima es un poblado pequeño como a medio kilómetro de Tecalitlán, ahí también era ingenio de azúcar de caña que fue cerrada muchos años después, y esta fue otra de tantas fábricas que cancelaron su producción dentro de las triquiñuelas de empleados y políticos.

Les condonaron ciertas deudas a los cañeros y éstos por tal de no pagar aceptaron el cierre, los obreros recibieron algo de dinero de liquidación y también aceptaron, aunque poco tiempo después estaban arrepentidos y sin dinero.

Pues bien, mi abuelita se mudó a vivir a Belén municipio de Pihuamo Jalisco en 1918 junto con sus padres y dos hermanas Concepción y Francisca.

Belén ubicado entre el Tule y Pihuamo por el camino real viejo, que había antes de hacer la carretera nacional, por donde pasaba la gente que iba a Pihuamo. (Belén con más de dos mil habitantes en esa época según cuentan los viejos.) Por caminos de terracería, y que era la ruta, oficial de Pihuamo al Tule antes de construir la carretera nacional, que apoyo el abandono de este poblado al quedar retirado de la carretera y fue quedando al olvido por los que transitan por las carreteras.

Belén, también fue ingenio de azúcar, además de una mina de donde extraían oro y plata y he aquí que comparto una historia enviada por mi amiga;

Alma Rodríguez Hinojosa de Pihuamo que dice:

Hacienda De Belén.

Esta antigua hacienda ya era conocida desde 1638. Perteneció a don Teófilo Sánchez. Papá de la Chata Sánchez dueña del portal del guayabillo, don Teófilo fue suegro de don Félix Magaña, padre de Juan, Joaquín, Amparo, Pancho. Juan Magaña fue un rico comerciante casado con Beatriz Hinojosa, que tenía su tienda en la esquina de la calle angosta e Hidalgo. Cuentan que en 1880 Don Teófilo Sánchez quiso apadrinar un bautizo con su concubina y el Sr. Cura Ignacio M. Solórzano no aceptó, hacer el bautizo y don Teófilo con pistola en mano lo hizo que hiciera el bautizo. Esta Hacienda fue vendida a don Pantaleón Orozco, padre de las Niñas de Belén, quienes fueron dueñas de las antiguas fábricas de Francia en Guadalajara, a don Pantaleón Le quitaron las tierras los Agraristas. Ahora quedan de esa gran hacienda Ruinas, Polvo y recuerdos. A principio de 1900 funcionaba un ingenio azucarero, y fabricaban, piloncillo y alcohol, en su tienda de raya tenían panadería, cremería, huarachería etc., en el ángulo del corredor exterior están las ruinas de la capilla dedicada a los santos Reyes y que en diferentes ocasiones sirvió de sede parroquial, según narra el padre Brambila. Desde Pihuamo se devisa el chacuaco el cual aún luce majestuoso sobre las ruinas negándose a morir.

En los tiempos de bonanza, antes de construir la carretera nacional, tramo Jiquilpan Manzanillo, todo mundo pasaba por Belén cuentan que muchas personas sacaban pepitas de oro de los ríos. en 1906, existió una cantina llamada ¡Placeres Minería y Co! Ya me imagino con muchas mujeres de arranque al postor parrandero y mujeriego, e imagino como era el bullicio en aquel tiempo con tanta gente a pie o a caballo, carretas jaladas por mulas, y bueyes, y muchos tomando y viviendo su vida de diversión y prostitución, otros más en sus quehaceres que ahora son solo recuerdos, soledad, miseria y tristeza.

La Ex-Hacienda de Belén es un testigo mudo de los años de bonanza de nuestro municipio Pihuamo. Se dice que había una mina de oro, que se derrumbó sepultando a unos trabajadores y la cual ya no volvieron a abrir, dando pie a libros con cierta fantasía de la zona como el de La Montaña De Oro, ahora en la actualidad pocos saben dónde exactamente se encuentra.

Y mi abuelito consiguió Novia.

Pero bueno, volviendo al tema de mi abuelito y como consiguió novia y así su también su casamiento con mi abuelita a quien le decíamos Chepa, bueno ella tenía otras dos hermanas, que yo recuerdo, mi tía concha, y pachita... Se dice que fue así:

Mi tía Concha Solórzano y mi abuelita Chepa además mi tío Isidro mi papa José y mi tía Amparo Kamey. Mas o menos 1930

Se cuenta que, en el Tule había una kermesse que es una fiesta o verbena, con baile popular y puestos de cenaduría, rifas, y juegos donde los participantes pagaban una pequeña cantidad de dinero por su diversión, y eran cosas divertidas como la cárcel, un pequeño cuadro que hacían con cuatro tablas horizontales, simulando un cuarto, donde encerraban a las parejas de novios, o simplemente muchachos o muchachas y que pagando una pequeña multa para recaudar fondos para obras del pueblo, pagando la pequeña multa salían de ahí, era solo un juego así que no era tanta la multa, entre otros juegos había la tradicional lotería con su gritón, vendían también antojitos, como pozole, churros, enchiladas, sopitos, tostadas, venta de flores para regalarlas a las muchachas, y venta de vasitos de ponche (bebida de sabor de frutas de la región con alcohol, como las granadas, arrayanes, nances, guayabas llamadas de venado, piña etcétera.) Además de muchachas vestidas al estilo china poblana que bailaban sones jaliscienses por una módica cooperación, la música con tocadiscos y vitrolas de cuerda, que tocaban dándole vuelta a una perilla y cuando se estaba acabando la cuerda la canción se oía en lo que hoy dijéramos cámara lenta porque le faltaban revoluciones al tocador de disco, y entonces le volvían a dar cuerda y agarraba su velocidad normal las notas y voz de las canciones. Había más juegos y maneras de divertirse entre los que organizaba la kermesse y los que hacían su lucha comerciando o jugando como jugar la Lotería, ¿O donde quedo la bolita? ruleta, rayuela, disparejos, al retache, voladitos, los tapados, los dados, y algunos de baraja o naipes como: El Póker; El Conquián; Las Briscas; Al Par y Par; Albures, etc.

Pero bueno, ahí fue donde el joven japonés, que fue mi abuelito, empezó a beber lo tradicional; ponche, cerveza, tequila, pulque, etc. Y ya entrado en tragos le salió lo machito, y vio a unas guapas muchachas, y dicen que se le acerco a una muchacha y le dijo en su lenguaje entre mocho de español y lenguaje japonés, que buscaba novia y se quería casar. Ella se retiró de él y se lo comento a sus amigas, a lo que una de ellas; Josefa ("Josefina,") se acercó y bailo con el joven japonés... después de algunas canciones cada uno se retiró a sus respectivas casas, y para su sorpresa al día siguiente le fueron a visitar a mi abuelito, los familiares de la joven para decirle que el japonés se había comprometido a casarse con la muchacha, con la cual había bailado la noche anterior, a lo que mi abuelito Kikumatsu acepto de buena manera diciendo si yo prometí yo cumplo, porque japonés tiene palabra.

Mi abuelita era chaparrita, morena clara, tenía parientes en La Purísima, Tecalitlan, Ciudad Guzmán todos de Jalisco, y en la capital mexicana. A mi abuelita le gustaba platicar, y hacer de comer, cocinaba muy pero muy sabroso, aunque se quejaba de tanto quehacer, llego a tener sirvientas para que le ayudaran al trabajo del hogar y cuando lavaban los trastes mi abuelita los olía para cerciorarse que estos no tenían olor de las comidas especialmente si eran de mariscos, Mi abuelita Chepa caminaba bajo el sol usando una sombrilla, y usaba rebozo largo de finos acabados, sus vestidos siempre fueron debajo de la rodilla de largo y de telas finas y muy bonitos, se los confeccionaba mi tía Amparo.

Mi abuelita tenía gusto por las mejores frutas, tanto silvestres como de cultivo, le encantaban los cacahuates dorados de Colima, y el pan de la panadería La Marsella de Colima cerca de Guadalajarita. Daba pasos pequeños pero muy tupidos, por lo que caminaba rápido. Tenía excelente el sentido del oído y reconocía mis pasos sin verme, y le gustaba cantar, tenía un pariente en una famosa orquesta en la Ciudad de México y decían que era un gran músico, se llamaba Albino y que un día fue visitar el Tule y ofreció su apoyo a la familia por si alguna vez lo necesitaban, pero a mí no me toco conocerlo. Mi abuelita Siempre vivió acompañando a mi abuelito y lo siguió a donde quiera que mi abuelito fuera, y así vivieron en Ciudad Guzmán y Tuxpan Jalisco, en la Hacienda La Albarrada Colima, en el Rancho La Paz cerca del Tule, y la mayor parte del tiempo en el Tule en diferentes casas.

Mi abuelito:
Hombre de trabajo y con la ilusión de formar un hogar, instala con el tiempo una carpintería de muebles finos; una tienda de abarrotes; una granja de gallinas y puercos de engorda; un molino de nixtamal y un trapiche de piloncillo que se produce con la caña de dulce que se da en toda la región. Sus hijos fueron cuatro hombres y una mujer este fue el orden en que nacieron: Isidro, José, Amparo, Carlos y Miguel.

Mi abuelito Carlos, sabía muchos proverbios y refranes, como dije anteriormente y le gustaba cantar en su idioma natal (japonés) a lo mejor eran canciones de su propia inspiración, nunca lo supe, pero en las fiestas familiares fueron muchas las ocasiones que canto, bellas baladas siempre en japonés. Y sabia muchas anécdotas algunas pueden haber sido producto de sus fantasías o a lo mejor alguna vez fueron ciertas; como la que les contare a continuación:

Anécdota:

Había una vez un señor… que llego al poblado desde la montaña y traía con él una gran manada de chivos para venderlos, y resulta que un señor rico del lugar vio la manera de comprarle toda la manada.

Le pregunto el precio y el chivero le dijo que cada chivo costaba un peso y los vendía todos en junta, grandes y chicos sin escoger, el rico le pregunto si sabía sacar cuentas y el chivero le contesto que no. Y sabiendo el rico que el chivero no sabía de aritmética quiso engañarlo diciéndole, ¿"Bueno mi amigo son como 130 chivos así que aquí le van 130 pesos, que le parece? A lo que el señor chivero le contesto: "Jhummm, mejor brinca chivo y brinca peso, así ni yo lo jodo a usted, ni usted me jode a mí, ¿sí? Brinca chivo y brinca peso, brinca chivo y brinca peso."

Otra Anécdota:

Cuentan que cuando mi abuelito construía su casa apenas ponía los cimientos, empezaba a edificar lo que sería el baño de la casa, y no faltó quien se fijara en ese detalle y le pregunta a él porque de edificar primero el baño que los cuartos de la casa a lo que respondió:

"Bueno es muy simple, porque para comer donde quiera puede uno hacerlo, de pie o sentado, en el sol o en la sombra y delante de la gente, pero para hacer sus necesidades fisiológicas debe de estar en privado sin que la gente le vea la cola, ja, ja, ja." Termino riendo mi abuelito. ¡Hay que tener vergüenza y que no le vean a uno la cola!

Anécdota de los Cristeros y los Militares. Diga usted Primero

Anécdota: ¡¿Quien Vive?!

Cuentan que a finales de 1927 había lucha del gobierno contra el clero, lo que desencadeno la llamada guerra Cristera, y que llegaron

de noche a la casa de mi abuelito y desde afuera gritaron "¿Quien
Vive?" a lo que mi abuelito desde adentro de su casa contesto "Viva
Gobierno Federal. "A lo que los de afuera contestaron "Nosotros somos los Cristeros, así que llévense lo que tenga ese japonés en su casa"
Y así lo robaron. Después de dos semanas la gente gritaba allá vienen
los y todos se refugiaban en sus viviendas. Luego llegaron a la casa de
mi abuelito y gritaron "¿Quien Vive?" a lo que mi abuelito contesto:
¡Viva Los Cristeros! A lo que los de afuera contestaron, "nosotros
somos del Supremo Gobierno Federal, "Tropa quítenle lo que tenga
ese japonés. Y así lo hicieron lo robaron tanto Cristeros como Los Fe-
derales. Después de un tiempo regreso un grupo de los que andaban
en la bola peleando y gritaron desde afuera de la casa de mi abuelito
"¿Quien Vive? "Y entonces contesto mi abuelito desde adentro de su
casa ¡Diga usted primero! A lo que el grupo sorprendido dijo ¿Por
qué? Y mi abuelito les dijo: porque si digo gobierno ustedes dicen
que son Cristeros y me roban, y si digo Cristeros dicen que son Gobierno Supremo y me roban, así que digan ustedes primero y viva su
Revolución.

Las familias asentadas en el Tule desde ese tiempo no son mu-
chas, y todas son reconocidas, como gente trabajadora, y honesta: Los
Barajas, Ramírez, Carrillo, Rebolledo, Ibáñez, García, Rivera, Lara,
Aguirre, Vargas, Amezcua, Ruiz, Arias, Padilla, Contreras, Cazarez,
Déniz, Zamora, Jiménez, Martínez, Torres, Moreno, Sabas, Velas-
co Gutiérrez, Toro, Delgado. Aldama, Pinto, Mora, Aviña, Manzo,
Hernández, Guzmán, González Gómez, Solórzano, López, Larios,
Macías, Rangel, Pinto, Tapia y tal vez algunos mas que no recuerdo,
pero ya no son muchos.

Con el tiempo y la migración de familias buscando trabajo llegaron más apellidos al Tule y ahora tenemos más apellidos relacionán-
dose con la gente del lugar.

(Fotos que han compartido Amistades de San José Del Tule Jalisco.)

Es así como transcurrían los días de la familia de Don Carlos Kamey en la hacienda y poblado de San José del Tule Jalisco. Ganándose el cariño de la gente lugareña. El platicador, sociable, de buen humor siempre, trabajador incansable, cuidando de su familia, y aprendiendo a hablar y leer el español de la región, y si digo de la región es porque había y hay todavía hoy en día muchas palabras antiguas que no aparecen en el diccionario de la lengua española, por ejemplo "guas" (Tengo mucho guas; o estoy enguasado) quiere decir que tiene mucho trabajo pendiente y se refiere hasta cuando se tienen muchas deudas; O ahí' me lo tope. (Me lo encontré.) Palabras como Ecuaro (parte del cerro donde se siembra el maíz durante el temporal de lluvias) o Chichalacas en vez de chachalacas que son aves como gallinas silvestres de plumas color café oscuro que cantan muy fuerte en las mañanas y se escuchan desde lejos y que para ablandarlas cociéndolas en caldo duran como 6 horas y a veces ni así se ablandan. Y así como estas hay muchas más.

A mi abuelito le gustaba decir dichos como este que dice así:

"Cuando la trabaja la trabaja, y cuando la emborracha, la emborracha."

O este otro; ¡hágalo bien o mejor no lo haga.!

O este: ¿Agarro con gusto lo que consiguió prestado? Con igual o mas gusto pague y sea agradecido.

Don Carlos como se le conoció en toda la región llega a tener buena posición económica, propietario como les mencione anteriormente de una gran tienda de abarrotes y telas, un trapiche de piloncillo, un molino de nixtamal, una carpintería, una granja con marranos y gallinas, y una buena casa donde vivía con su esposa y sus hijos pasando algunos años de buena convivencia tanto con su familia como con sus vecinos.

Del molino de nixtamal es esta anécdota:

En aquellos tiempos el molino de nixtamal de mi abuelito era de motor de Diesel y tenia una banda como de tres metros de largo, media pulgada de grosor, y hancha como de 6 pulgadas, y hecha de cuero de hule parecido al de las llantas,muy pesada y dificil de manejar. Asi era en aquellos tiempos. Sucede que ahí trabajaban por lo regular mujeres, a veces eran muchachas o madres de familia, para ayudar en algo a los gastos del hogar. Bueno sucedió que en ese tiempo trabajaba haciendo bolas de masa, Lupita esposa de Miguel Ramirez quienes vivieron en su casa pegada al zaguan de arriba, y estando trabajando, la banda se reventó y le pegó a Lupita en la cadera, quien recibió tan fuerte golpe que se la quebró, y mi abuelito pagó la curación y le pagó sin trabajar unos meses como compensación, y Lupita quien con el tiempo le deciamos doña Lupe, quedo renga por el resto de su vida, y tal vez mucha gente no sabía del porque estaba así.

Al incendiarse la casa donde vivía con su familia en el lugar llamado El Puntero empezó un descenso económico.

Aconteció que don Carlos andaba de viaje de negocios por Guadalajara, uno de sus hijos José que fue mi padre, estaba en un cerro cerca del poblado de la higuera municipio de Tuxpan, Jalisco, donde hacia moldes de madera para piloncillo llamados "bancos," y en la casa se encontraban mi abuelita Josefina (Chepa) Amparo y Miguel cuando se percataron que la casa estaba envuelta en llamas. Como pudieron sacaron una máquina de cocer y dicen que fue todo lo que pudieron rescatar, pues las llamas les impidieron poner a salvo sus demás pertenencias, mi papa platicaba que él había perdido en el incendio doscientos pesos que tenía guardados, en un pantalón. Cuentan que fue un incendio intencional, y que una familia se fue del lugar siendo ellos los únicos sospechosos del siniestro, pero yo nunca supe quiénes fueron los sospechosos del incendio, pues mi padre tuvo algunos secretos para con nosotros sus hijos, total que todo ahí se destruyó.

Contaban que cuando mi abuelito Carlos llego de su viaje, lo fueron a esperar a la carretera que dista como dije antes, como a un kilómetro de distancia de la población del Tule, y ahí le dieron la mala noticia de que su casa se había incendiado, y cuentan que mi abuelito Carlos pregunto: ¿y mi familia? A lo que los demás le respondieron que ellos estaban bien y que físicamente nada les había ocurrido; a lo que don Carlos dijo: bueno si todos estamos bien no hay por qué preocuparse habiendo vida hay esperanza; y enseguida se encamino a lo que quedaba de su casa (solo ruinas) y por el camino encontraba personas con herramientas que rescataban de entre las cenizas y cada cual se las llevaba a su casa para quedarse con ellas.

Mi Tía Amparo Kamey y mi abuelito Kikumatsu con su servidor José.

Otra anécdota:

A los pocos días de haber perdido su casa en el incendio estaba mi abuelito Carlos, jugando baraja y riendo con sus amistades, tomando unos refrescos con mezcal, bien contento, y como si nada hubiera ocurrido. Entonces alguien fue a decirle a mi abuelita Chepa si acaso don Carlos, estaba malo o medio loco por lo que había sucedido pues estaba jugando, tomando y riendo como si nada hubiera pasado; y cuando le preguntaron a mi abuelito sobre eso, él les dijo así:

"Si llorando remedio lo que se perdió o llorando consigo que me repongan todo lo que se quemó, entonces lloraré. Pero de no ser así, para que llorar, nadie va a reponerme nada, y no nos queda más que vivir la vida riendo, que la risa es cura de muchos males. "Y tiempo después continúo trabajando su carpintería, sus gallinas ponedoras, y sus puercos de engorda.

A mi abuelito le gustaba ir al río de noche y bañarse en él, que era un buen nadador y que trabajaba la carpintería de noche como si fuera de día, que viajaba a los pueblos cercanos y tenía amistades de gran valía y estimación.

Anécdota. La Claraboya.

Contaba mi abuelito que había un hombre muy pobre, pero muy holgazán para trabajar, que tenía esposa e hijos, que una noche en sueños un anima le hablo a este hombre y le dijo atrás de tu casa ay enterrado un tesoro, es una olla con monedas de oro, escarba y sácalas son para ti y tu familia.

Al otro día este hombre les platico el sueño a unos amigos, a los que les dijo también que él no pensaba escarbar, que tenía flojera y que si le tocaba algo de dinero que este le cayera por la claraboya. (Claraboya es una ventana en el techo o en lo alto de las paredes de la casa por donde entra la claridad o el sol.)

Entonces los amigos de este hombre decidieron ir a buscar el tesoro enterrado y fueron de noche a escarbar atrás de la casa donde vivía este hombre con su familia y sacaron una olla, pero con la sorpresa que en la olla había solo ceniza y carbón con olor de estiércol, entonces los hombres dijeron: Él anima deseaba darle un escarmiento al hombre por flojo y no había ningún tesoro, pero como el hombre había dicho que lo quería por la claraboya, entonces echémosle la olla por la claraboya, y así lo hicieron, le aventaron la olla adentro de la casa por la claraboya de la casa del hombre holgazán, ¿Y que creen,? Al caer adentro de la casa lo que la olla contenía se escuchaba que eran monedas, entonces estando acostados el hombre flojo con su esposa esta le dijo: ¡viejo, viejo, viejo, despierta, está cayendo dinero por la claraboya! Y todavía el hombre le contesto: déjame dormir mujer, mañana lo juntamos al fin que como dije si el dinero es para nosotros a de llegar por la claraboya.

Bodas de Oro.

En 1972 se celebró una fiesta para en el rancho, primero se ofició una misa con el sacerdote José Díaz Sandoval, quien falleciera en el Tule.

Después la fiesta en grande, con mariachi y un tocadiscos, lo que es ahora un Dj. Hubo mucha comida, se sacrificó un torete y estuvieron presentes todos sus hijos, y muchas amistades.

Ahí sucedió otra anécdota.

Sucedió que pasaba por la carretera un indigente y llego a pedir un taco de comida, y mi abuelito al enterarse lo invito a sentarse a la mesa donde estaban la mayoría de sus amistades conviviendo, pero el indigente se negó y aunque mi abuelito le insistió el indigente no acepto, entonces mi abuelito se enojó, y casi se agarra a golpes con el señor vagabundo, gracias Dios que los separaron y dándole un plato de comida el hombre aquel se fue. Y la fiesta continúo.

Anécdota, mi abuelita Chepa me sacó a bailar.

Fue cuando se casó mi prima Leticia García Kamey con Gonzalo Morfin de Pihuamo.

Gonzalo fue obrero minero de la empresa Las Encinas, Gonzalo Morfin fue un hombre honrado y trabajador y que anduvo rondando a mi prima hasta que ella accedió y después de su noviazgo se casaron, la fiesta fue en la casa de mi tía Amparo en el Tule enfrente de donde es ahora el jardín. También fue una gran fiesta toco un grupo de Pihuamo llamado LA NADA que tocaba y cantaba muy bien, estaba integrado por Enrique García Lomelí, Chuy el Güero García Virrey, Kiko Cuevas, y José Izáis. En esa fiesta mi abuelito ya medio tomado hizo un acto de magia decía: voy a aparecer la cabeza de un hombre en este sombrero. Y aunque fue algo chusco, y al final del número de truco de magia, le aplaudieron. En esa fiesta mi abuelita Chepa me invito a bailar, se agarró con las dos manos a los lados de la falda que colgaba debajo de la rodilla y se puso a zapatear, solo fue un son, y fue la única vez que la vi bailar, pero lo hizo conmigo, en la fiesta de la boda de mi prima Leticia.

Anécdota, mi abuelito fue cornado por un toro.

En 1972-1973 mis abuelitos se mudaron a vivir más cerca del Tule un poco más abajo de lo que fuera la casa grande que se quemó y le dicen el puntero porque ahí amontonaban punta para darle de comer al ganado, cerca del río que baja de la barranca. Ahí le compraron la casa a Roberto Moreno Gómez quien había sido obrero del ingenio y era albañil, y que se quería ir a vivir a Pihuamo.

Cuando mi papa empezó a trabajar el día primero de junio de 1973 en el vivero de plantas por el programa Industrias del Pueblo patrocinado por el gobierno del Licenciado Luis Echeverría Álvarez, me mandaba todas las mañanas como a las 7:30 por una taza de café, y que digo taza era un jarro, donde el café olía exquisito, porque mi abuelita Chepa era especial para preparar el café y tenía un sabor difícil de mejorar, de verdad era una delicia.

La casa estaba enfrente del vivero nomás cruzando la brecha y a unos cuarenta metros del río y era muy difícil que la corriente llegara hasta ahí, la casa estaba sobre un paredón cercas del camino y ahí mi abuelito instalo su carpintería. Mi padre y yo le ayudamos, a construir chiqueros para criar varios puercos, y también a construir un gallinero, que a mi abuelito nunca se le quito la afición de criar pollos y gallinas... pero bueno lo malo de esta anécdota es la siguiente: por el camino que pasa junto a esta casa que es una brecha empedrada por donde se va rumbo al cerro donde hay otras pequeñas poblaciones, como la Hacienda del Limón, y ranchos intermedios, y donde hay grandes potreros con ganado. Pues de esos rumbos llevando ganado de un potrero a otro, un toro se les escapo y arremetió contra mi abuelito, golpeándolo por delante en la cintura y los lados y tumbándolo lo corno en la espalda, fueron varias las veces que lo embistió antes de que lograran quitarle el toro de encima.

Mi abuelito quedó muy lastimado, sin embargo, a los pocos días él quiso ir al cerro para extraer tierra de barro limpio y la cual con una hierba llamada cola de caballo hervida, hizo una pasta de barro y hierba y se la puso en las heridas y estas poco a poco le fueron sanando, tal vez por ser medicinales o por la naturaleza físicamente sana que mi abuelito tenia, lo importante es que se recuperó de las cornadas que le dio el toro.

En 1976 llego al poblado un joven, Seiichi Suzuki, de unos 20 años de edad, anduvo cerca del Tule curioseando e intrigados los lugareños le avisaron a mi abuelito para que viera, pues parecía oriental, así que le dijeron a mi abuelito que le preguntara que se le ofrecía.

Mi abuelito lo contacto descubriendo que era un paisano japonés, por lo cual como es de esperarse mi abuelito con gusto lo atendió, lo invitó a su casa para platicar con este japonesito que se quedó como dos semanas en el poblado del Tule. A mí me toco ser su compañero de dormitorio pues lo alojaron para dormir en una casa que había en el vivero, la casa era de techo, piso, y paredes de madera estaba dividida en dos por la mitad y en cada lado tenía dos puertas una en frente y otra en la parte de atrás, en un lado había implementos agrícolas, como azadones, palas, cuchillos para injertar las plantas, herbicidas, semillas, fungicidas, fertilizantes y muchos aperos más.

Seiichi Suzuki, era el nombre de este joven japonés, me lo escribió en una hoja de la libreta que llevaba yo a la clase de secundaria a Pihuamo Jalisco, donde estudie de 1973 a 1976 en la escuela J. Asunción Rodríguez. Así me platicó con dificultad, que era técnico en la empresa Xerox y que andaba de vacaciones recorriendo el mundo y que iba a regresar a Japón a seguir trabajando, también me dijo algunas palabras en japonés como: señora = oyungsan, niño = otokonoko, muchacha = unanokok, así como algunos números uno = ichi y más cosas que ya se me olvidaron. Seiichi Suzuki como les dije estuvo dos semanas y de ahí partió a seguir su camino, dejando un gran sabor agridulce a mi abuelito por ver ese paisano que llego al poblado como una fotografía de cómo había llegado mi abuelito, solo que ahora si había quien lo entendiera.

Mi abuelito en Los Ángeles California. 1981

A un servidor José Kamey, me toco la buena suerte de traer a mi abuelito a los Estados Unidos eso fue en 1981. Sucedió que mi prima hermana María Aurora Kamey Reyes, estaba trabajando en Los Ángeles California y por curiosidades que tiene el destino, contacto a nuestros familiares Japoneses o lo que quedaba de ellos, pues ya habían emparentado con familias norte- americanas, pero bueno mi prima motivo a mi abuelito Carlos para que hiciera el viaje, y me contacto a mi para apoyar el proyecto, pero mi abuelito no tenía visa Americana para traerlo como turista así que lo llevamos a México, mi tía Amparo, mi prima Corina y yo fuimos a la embajada mexicana a tratar de sacar el pasaporte y conseguir una visa Americana, pero solo conseguimos que le quitaran el pasaporte viejo, un llamado B-12 (algo así) de 1917, con el que originalmente llego a México, con sellos de Panamá por donde llego a tierras americanas, y otros sellos de otros países que no recuerdo cuales eran, pero al quitarnos el pasaporte porque ya no tenía validez oficial según el empleado de la embajada mexicana, me enojo pero me aguante el berrinche, sin embargo ya como de último me dijo: Si su abuelito es Japonés, habían de llevarlo a la Embajada Japonesa que por ser japonés tal vez ahí nos atendieran y que no quedaba lejos de ahí, por la Avenida Reforma.

Entonces fuimos a La Embajada Japonesa, ¿y qué creen? Fue muy distinto, pero muy muy distinto: A mi abuelito lo atendieron con mucha atención y respeto y presentándolo a las personas jóvenes japonesas que estaban ahí, y les decían: "Miren este señor es japonés y teníamos muchos años sin saber de él, nos da mucho gusto saber que vive."

Después platicaron un buen rato con mi abuelito y muy amablemente nos dijeron que iban a enviar el acta de nacimiento y el pasaporte, además de un documento que reconocía que nuestra familia era de descendencia japonesa en México, que todo el trámite duraría en llegar en aproximadamente seis meses porque tenía que hacer unas gestiones hasta Japón. Mi abuelito se entristeció un poco pues se sentía ya viejo para esperar varios meses y tenía ganas de visitar su familia en el área de Los Angeles California.

Así que sabiendo el deseo de mi abuelito, yo pensé en traer a mi abuelito a Tijuana B.C. y tratar de conseguirle un permiso, mi tía Amparo fue la que se opuso un poco y me dijo que le daba pendiente porque tal vez no conseguiría permiso y que si acaso me animaba a cruzar por el cerro mi abuelito podría caerse y lastimarse, pero yo le dije que si eso sucedía primero caería yo, y mi abuelito caería sobre mí y no se lastimaría.

Yo en esa ocasión tenía pasaporte de turista pero mi abuelito no, y como no se le dio permiso entonces me decidí a pasarlo de ilegal, donde un viejo conocido nos pasó caminando pasando un alambrado y caminando unos 15 minutos por el cerro y llegando a una carretera nos subió a una camioneta, mi abuelito era todavía fuerte lleno de energía a sus aproximadamente 85 años, hasta llegar a Los Ángeles donde visito a sus parientes durante dos semanas, y donde mi prima Aurora Kamey y su esposo lo atendieron y llevaron a donde el necesitaba ir.

Después se regresó al Tule por avión, y él mismo contaba que le preguntaron durante el viaje cómo había pasado a Estados Unidos, y él sonriente contaba las peripecias de haber cruzado por los cerros de la frontera, con este nieto audaz.

Yo me fui rápidamente a trabajar, pues había conseguido quinientos dólares con mi patrón de ese entonces, don Alfonso Romero, él dueño del club nocturno en Mendota, California, donde yo trabajé de bartender y cantando y presentando grupos y artistas que les comente anteriormente, Don Alfonso Romero de Los Reyes Michoacán me estimaba, y fue él quien me prestó para pagar el coyote que nos ayudó a cruzar y por esa razón no me toco conocer personalmente sus parientes, pero supe por boca de mi abuelito que se la pasó muy bien con sus parientes y se tomó varias fotos con ellos, sabiendo que tal vez no volvería a verlos, pero dejándoles el domicilio para seguirse comunicando por correo, cosa que hizo durante buen tiempo, a mí me tocó ver una de sus cartas escrita en japonés..

Bueno en ese tiempo era gente más honesta que la que ahora hace ese negocio, antes nos daban de comer llegábamos a casa de algún miembro del coyote y de ahí nos permitían hablar por teléfono para contactar a nuestros familiares para que nos recogieran claro pagando lo convenido $ 250.00 dólares por cada uno. Pero mi abuelito solo duro dos semanas y se regresó al Tule a seguir trabajando eso si volvió muy contento y agradecido con su servidor por haberlo llevado a ver sus parientes. A los pocos meses llegaron los documentos del gobierno japonés, pero ya mi abuelito había ido a los Ángeles California.

Años después se enteró que uno de sus sobrinos había muerto y se entristeció con la noticia; sin embargo, siguió trabajando, y dando ejemplo de honestidad y buen humor.

De sus más grandes amistades de siempre fueron la familia Amezcua, familia Pinto, Larios, Gutiérrez, y Los Verduzco, con los que siempre mantuvo una gran comunicación. Además, hizo buena amistad con gente que vivía en los poblados o comunidades cerca del tule, como la familia Sosa del 21 de noviembre, familia Velazco de Padilla, familia Silva y Verduzco del Buen País, familia Ochoa del Monté longo, familia Muñiz de la Hacienda del Limón, familias Déniz y Rangel del Colomito, familia Arechiga de la Presa del Pujido, familia Rojo de la Plomoza, familia Gálvez de la Mesita, familia Barajas de la Mesa, familia Rebolledo de Ojo titancillo y Canoítas, y de Pihuamo las familias Gutiérrez, Ceballos, Solórzano, Ruiz, Casillas, Mendoza, Amezcua, Ortiz, Rodríguez Hinojosa, Bautista, Cuevas, Mora, Sánchez, De La Mora, Morfin etcétera. Todos de Pihuamo y mantenía buena comunicación con carniceros, peluqueros, y comerciantes de ahí.

Mi Abuelito al centro familiares y paisanos en los angeles

Mi abuelito Carlos Kamey al regresar del viaje de Los Ángeles California siguió trabajando la carpintería, se mudó a la casa de mi tía Amparo y ahí acondiciono un cuarto para dormir con todo y baño, la carpintería, un gallinero, y un chiquero, pues la casa de mi tía tiene un corralón muy amplio pegado a la barda del límite del Tule, ahí convirtió los tablones de madera de parota en comedores, roperos, buros, sillas, puertas, mesas de centro para salas, repisas, jugueteros, etc., A mí me regalo un mueble para poner una televisión que compre para mis padres, en 1989 que lleve de Los Ángeles California, la cual me acompaño Rodrigo Barajas a Comprarla, cuando él vivía allá, con su esposa Alicia Déniz Rangel y sus hijos Rodrigo, Diego Y Debbie. Y que al ver la televisión que yo lleve, le dio gusto, y se marchó de la casa regresando al poco rato, cargando un mueble para acomodar la televisión. !!Ese era mi abuelito compartiendo el gusto.!!!

Algunos de sus muebles se los compramos sus nietos, mi primo Álvaro Kamey Chávez tiene varios en su casa de Colima y los muestra con orgullo, cuando lo visito, mi tío Miguel también tiene varios y un precioso comedor, y por supuesto mi tía Amparo también tiene un comedor hecho por mi abuelito, mi primo hermano Armando García Kamey también tuvo la dicha de comprarle algunos, a mí me otorgo la dicha, de recibir una cama individual de parota que me regalo en 1973 y de hacer las primeras puertas de madera de parota para la casa en 1977 y hasta con la fecha en que las fabrico, mi hermana Lourdes Kamey, también tiene recuerdos de los trabajos de mi abuelito en un buro y algunas cosas más, así como mi hermana Hortensia, mi tío Isidro, y mi tío Carlos tenían muebles que hizo mi abuelito.

A principios de 1992 fui al Tule, pues yo trabajaba y radicaba en Estados Unidos, y a causa de la recesión en U.S.A. Por una guerra contra el golfo pérsico no había casi trabajo y fui a poner un negocio en Pihuamo de restaurant bar con servicio de botanas para los tomadores de cerveza o licores, con música de mariachi en vivo, sinfonola tragamonedas, conjuntos musicales que provenían de Colima, y meseras para servir y dos o tres muchachos para trabajar el negocio. En ese tiempo visite a mi abuelito en varias ocasiones, como era la costumbre, casi a diario pasaba a verlo y platicar con él.

Bueno y estando en el Tule al platicar con mi abuelito me comento más o menos así:

¡¡¡Ya me voy a morir, pues apenas empezó este año le hice un trabajo a Poncho Verduzco que vive enfrente, hice repisas y me cansé mucho, así que ya no voy a poder trabajar.!!! Yo le dije: ¡abuelito no se preocupe nosotros le podemos ayudar y por comida pues donde comen dos pueden comer tres, pero él me respondió diciendo! ¡¡¡Yo no nací para ser chinche, si no puedo trabajar voy a morir.!!! Ahí estaba un señor llamado Porfirio Rivera que vivía en la ciudad de México y que visitaba frecuentemente el poblado puesto que tenía familiares en la misma calle y muy amigo de mi abuelito y él también le insistió en cambiar de idea, pero mi abuelito se negó por las mismas razones expuestas.

Mi abuelito Kikumatsu y mi tía Engracia De La Mora.

Este 2020 es año de Censo. Los invito a hacerse contar. Yo aquí comparto todos los nombres del censo en San José Del Tule Pihuamo Jalisco México de 1930. Tal vez mis paisanos y vecinos Del Tule recuerden una o varias personas que fueron nuestros antepasados. Aunque están originalmente escritos en letra que le decimos manuscrita y gótica, y en aquellos tiempos las personas que lo escribieron tal vez no tenían una educación superior e hicieron lo mejor que pudieron, los nombres entre paréntesis son lo que yo logre entender. ¿En qué número esta su familiar?

Tomados de Ancestry.com

1. Raymundo Lara de 51 años y su esposa.
2. Cecilia Sabas de 42 años, y sus hijos
3. Celedonio Lara Sabas de19 años.
4. Julio Lara Sabas de 16 años.
5. Esther Lara Sabas de 9 años.
6. María Lara Sabas de 2 años.
7. Josefina Lara Sabas de 0 años.
8. Jesús Moreno de 61 años y su esposa
9. Macaria Hernández de 35 años y sus hijos,
10. Manuel Moreno Hernández de 16 años.
11. Pedro Moreno Hernández de 11 años.
12. Francisco Moreno Hernández de 9 años.
13. Gabriel Moreno Hernández de 6 años.
14. Victoria Moreno Hernández de 14 años.
15. Carmen Moreno Hernández de 2 años.
16. Ramón Toro, 26 años.
17. Cristina Toro, 46 años.
18. Inocencia Toro, 48 años.
19. Nicasio Tortoledo de 29 años.
20. María de Jesús Mora de 25 años.
21. Alejo Tapia de 41 años y su esposa…
22. María de Jesús Ibáñez de 38 años y sus hijos,
23. Amelia de 15 años.
24. María de 8 años.
25. José de 3 años.
26. Y Samuel de 0 años.
27. Irineo Díaz de 66 años.
28. Casiana Toro de Díaz de 38 años.
29. Leopoldo Salvatierra de 21 años.
30. Justo Salvatierra de 19 años.
31. Felipa Salvatierra de 26 años.

32. Modesta Pérez de 46 años.

33. Juan Navarro de 61 años.

34. Carmen Amezcua de 28 años y su esposa,

35. Catalina Ruiz de Amezcua de 24 años he hijos,

36. Gabriel Amezcua Ruiz de 3 años.

37. Elvira Amezcua Ruiz de 2 años.

38. Ladislao Ruiz de 58 años.

39. Gabina Sánchez de 51 años.

40. Filomeno Ruiz Sánchez de 28 años.

41. Ladislao Ruiz Sánchez de 26 años.

42. Silverio García de 42 años.

43. Cecilia Tapia de 38 años.

44. Celso Fregozo T. de 16 años.

45. Gregorio García de 13 años.

46. Cesario Corona de 59 años.

47. Clara Aguilar de Corona de 51 años.

48. Pablo Corona Aguilar de 22 años.

49. Amalia Corona Aguilar de 29 años.

50. Antonia Corona Aguilar de 25 años.

51. Pablo Rivera de 5 años.

52. Juan Rivera de 5 años.

53. Carmen Rivera 2 años.

54. María Rivera 3 meses de edad.

55. Rafael Godínez 31 años.

56. Micaela Ibáñez 26 años.

57. Elisa Godínez Ibáñez 3 años.

58. Dolores Godínez Ibáñez 8 meses de edad.

59. Arcadio Mora 71 años.

60. Balvina Moreno de Mora 53 años.

61. Rosario Mora Moreno (F) 18 años.

62. Mercedes Mora Moreno (F) 15 años.

63. José Mora Moreno 33 años.

64. María Moreno de M. 22 años.

65. Teresa Mora M. 3 años.

66. José Rubén Mora 3 meses de edad.

67. Felipe Ríos 39 años.

68. Rosario Díaz (F) de Ríos 32 años.
69. Francisco Ríos 19 años.
70. María Ríos D. 16 años.
71. Sabina Ríos D. 9 años.
72. Teodoro Ríos D. 8 años.
73. Concepción Ríos D. 7 años.
74. Eulalia Ríos D. 4 años.
75. Bernardo Gaytán, 46 años.
76. Santos Medrano de Gaytán, 31 años.
77. Arturo Gaytán Medrano 14 años.
78. Jesús Gaytán Medrano 10 años.
79. Estela, Gaytán Medrano 6 años.
80. Eva Gaytán Medrano 4 años.
81. 81 Teresa Gaytán Medrano 2 años.
82. Ambrosio Moreno 71 años.
83. Felicitas Cárdenas 46 años.
84. Jesús Moreno Cárdenas 28 años.
85. Simona Moreno Cárdenas 19 años.
86. Demecio Toscano 39 años.
87. Florentina Silva de Toscano 37 años.
88. Celestina Toscano Silva 17 años.
89. Leonor Moreno 2 años.
90. María Toscano 13 años.
91. Valentín Hernández 25 años.
92. Trinidad Toscano 20 años.
93. Ysaura Hernández 3 años.
94. Crescencio Ibáñez 70 años.
95. Transito García de Ibáñez 65 años.
96. Francisco Ibáñez García 13 años.
97. Rosa Sabas 18 años.
98. Cruz Larios 30 años.
99. Enrique Manzo 8 años.
100. Luis José Manzo 2 años.
101. Felicitas Ramos de R. 33 años.
102. Julián Rodríguez R. 10 años.
103. Catalina Rodríguez R. 3 años.

104. Félix Tortoledo 39 años.
105. Agapita Rivas de Tortoledo 30 años.
106. Hipólito Tortoledo Rivas 12 años.
107. Ángel Tortoledo Rivas 11 años.
108. Porfiria Noyola 19 años.
109. Clementina Fregozo 1 año.
110. Fortunato Contreras 40 años.
111. Enedina Cruz de Contreras 33 años.
112. Ma. Guadalupe Contreras Cruz 8 años.
113. Sabas Contreras Cruz 5 años.
114. María Jesús Contreras Cruz 2 años.
115. Antonio Contreras Cruz 1 año.
116. Primitivo Vargas 18 años.
117. Jesús Pulido 31 años.
118. Juana C de Pulido 26 años.
119. Leopoldo Pulido C. 4 años.
120. Guadalupe Pulido C. 8 años.
121. María Pulido C. 2 años.
122. Carlos Ibáñez 20 años.
123. Gabriela García Carrillo de Ibáñez 17 años.
124. Manuel Ibáñez 8 años.
125. Ramón Vázquez 29 años.
126. Ma. de Jesús Rodríguez 35
127. Consuelo Vázquez Rodríguez 7 años.
128. José Vázquez Rodríguez 3 años.
129. Antonio Barreto 35 años.
130. Ramona Pérez de Barreto 29 años.
131. Fidela Barreto Pérez 9 años.
132. María Barreto Pérez 3 años.
133. Susano Quiroz 37 años.
134. Petra Navarro de Quiroz 40 años.
135. Lorenzo Quiroz Navarro 14 años.
136. Elpidia Quiroz Navarro 12 años.
137. Ma. Guadalupe Quiroz Navarro 9 años.
138. Othón Padilla 25 años.
139. Rosa Rodríguez de Padilla. 20 años.

140. Gonzalo Padilla Rodríguez 3 años.
141. Victoriano Ramírez 29 años.
142. Ma. Trinidad Barajas 43 años.
143. Marce* Barajas 29 años.
144. Amador Barajas 4 años.
145. Manuel Blanco 28 años.
146. Toribia Barajas de Blanco 26 años.
147. Manuel Vejines 26 años.
148. Anselma Torres de Vejinez 46 años.
149. Jesús Arceo 21 años.
150. Amanda Arceo 19 años.
151. Manuel Arceo 6 años.
152. Feliciano Chacón 19 años.
153. J. Jesús García 29 años.
154. María Padilla 21 años.
155. José García Padilla 4 años.
156. Luis González 18 años.
157. Adelaido Ramírez 18 años.
158. Jovita Avalos 37 años.
159. Domingo Salvatierra 26 años.
160. María Ibáñez 30 años.
161. Herculano Vázquez 39 años.
162. Julián Vázquez 13 años.
163. Camila Barajas de V. 31 años.
164. Marcelina Valdovinos B. 12 años.
165. Miguel Valdovinos B. 9 años.
166. Dionicio Valdovinos B. 4 años.
167. J. Jesús Barajas 19 años.
168. Antonia Valencia 37 años.
169. Ma. Jesús Valencia 17 años.
170. Josefa Valencia 14 años.
171. Modesto Díaz 29 años.
172. Manuel Salvatierra 27 años.
173. Antonia Barajas de Salvatierra 18 años.
174. Celia Salvatierra Barajas 6 meses
175. Ma. Jesús Barajas 19 años.

176. Néstor Rojo 42 años.
177. Micaela Rojo 26 años.
178. Francisco Aviña 5 años.
179. Dionicia Aviña 3 años.
180. Juan Torres 2 años.
181. Miguel Ramírez 29 años.
182. Guadalupe González 29 años.
183. Consuelo Ramírez González 5 años.
184. Juan Ramírez González 1 años.
185. Cleofás Carrillo 42 años.
186. Graciana García Carrillo 19 años.
187. Carmen García Carrillo 12 años.
188. Margarita García Carrillo 10 años.
189. Eliseo García Carrillo 3 años.
190. J. Jesús Sabas 71 años.
191. Venancia Macías de Sabas 42 años.
192. Aurora Álvarez 11 años.
193. José Mercedes Padilla 43 años.
194. Ma. Guadalupe Reyes 41 años.
195. Federico Padilla 20 años.
196. Rufino Rivera 30 años.
197. Miguel Chávez 35 años.
198. Ma. Jesús Sabas de Chávez 27 años.
199. Refugio Pérez 11 años.
200. Rosario Pérez 9 años.
201. Pedro Macías 57 años.
202. Lorenza Hernández 38 años.
203. Ricardo Macías 19 años.
204. Jesús Macías 17 años.
205. Esther Macías 8 años.
206. Sara Barajas 6 años.
207. Santos Hernández 24 años.
208. Soledad Martínez 20 años.
209. Bonifacio Barajas 47 años.
210. Juana Hernández B. 36 años.
211. Ruperto Barajas Hernández 16 años.

212. J. Jesús Barajas Hernández 13 años.
213. Josefina Barajas Hernández 8 años.
214. José Barajas Hernández 6 años.
215. Celso Barajas Hernández 1 años.
216. Gregorio Carrillo 31 años.
217. Elodia Hernández 22 años.
218. Refugio Carrillo Hernández 5 años.
219. Félix Carrillo Hernández 3 años.
220. Alejandro Hernández 29 años. (Don Alejo el birriero.)
221. Luisa Macías de Hernández 18 años.
222. Amador Hernández 1 años.
223. Simón Hernández 63 años.
224. Lucía Chávez 61 años.
225. Refugio Hernández Chávez 17 años.
226. Carmen Hernández Chávez 13 años.
227. Victoria Jiménez 28 años.
228. Angelina Hernández Jiménez 12 años.
229. Francisco Hernández Jiménez 8 años.
230. Elvira Hernández Jiménez 5 años.
231. Eloísa Hernández Jiménez 1 años.
232. Mariano Vázquez 28 años.
233. Esther Preciado de Vázquez 24 años.
234. Victoria Vázquez Preciado 3 años.
235. Graciela Vázquez Preciado 7 meses.
236. Arcadio Vázquez 18 años.
237. Luciano Barajas 36 años.
238. Guadalupe Ramírez de Barajas 30 años.
239. Pedro Manzo 17 años.
240. Damásio Hernández 22 años.
241. Jesús Cárdenas 16 años.
242. Fidel Cárdenas 12 años.
243. Julián Eufracio 51 años.
244. Mariana Flores de Eufracio 33 años.
245. María Eufracio Flores 4 años.
246. Juana Eufracio Flores 3 meses
247. Jesús González 25 años.

248. María Martínez de González 19 años.
249. Ignacio Gutiérrez 55 años.
250. Jesús Contreras de Gutiérrez 61 años.
251. Ignacia Gutiérrez Contreras 16 años.
252. Isabel Ser 37 años.
253. María Ramírez 18 años.
254. Herlinda Gutiérrez 33 años.
255. Dolores Mesa 10 años.
256. Braulio Pérez 46 años.
257. Néstor Bejines 48 años.
258. Carlos González V. 13 años.
259. J. Jesús Déniz 41 años.
260. Adelina Robles 22 años.
261. Rosario Déniz 8 años.
262. Francisco Avalos 30 años.
263. Lorenza Solórzano A. 30 años.
264. Clemente Rivera 22 años.
265. Paula Almanzar 35 años.
266. Inés Almanzar 61 años.
267. Toribio Reyes 53 años.
268. Reyes Almanzar 14 años.
269. Refugio Trujillo 52 años.
270. Juana López de Trujillo 35 años.
271. Trinidad Trujillo López 16 años.
272. Salvador Trujillo López 10 años.
273. J. Jesús Verduzco 3 meses.
274. Vidal Gutiérrez 39 años.
275. Valentina Ríos de Gutiérrez 31 años.
276. Consuelo Gutiérrez Ríos 5 años.
277. José Gutiérrez Ríos 2 años.
278. Magdalena Rodríguez 45 años.
279. Ambrosio Martínez 49 años.
280. Juana Cortez de Martínez 41 años.
281. Jesús Martínez Cortez 22 años.
282. Domitila Martínez Cortez 13 años.
283. Aniceto Hernández 66 años.

284. Cleotilde González 39 años.
285. María Castañeda 24 años.
286. Arturo Martínez Castañeda 4 años.
287. Valentín Urzua 41 años.
288. Herminia Mora de Urzua 28 años.
289. Teresa Ramírez 61 años.
290. José Sabas 12 años.
291. Julia Sabas 7 años.
292. Gorgonio Ramírez 51 años.
293. Anastasia Sabas de Ramírez 46 años.
294. Macaria Ramírez Sabas 25 años.
295. Piedad Ramírez Sabas 17 años.
296. Darío Tortoledo 41 años.
297. Rosario Barajas de Tortoledo 30 años.
298. Carmen Barajas 21 años.
299. Jesús Tortoledo 16 años.
300. Everardo Tortoledo 14 años.
301. Cristino Macías 46 años.
302. Jesús Macías 13 años.
303. Petra Macías 8 años.
304. Juan Macías 6 años.
305. Macedonio Ramos 51 años.
306. Esteban Ramos G. 14 años.
307. Carmen Ramos G. 10 años.
308. José Ramos G. 5 años.
309. María Sandoval 61 años.
310. Bernabé Larios 50 años.
311. Zeferina Aguilar 81 años.
312. Francisco Macías 29 años.
313. Dorotea Ceballos M. 42 años.
314. Febronio Déniz 52 años.
315. Faustina Déniz de Déniz 46 años.
316. Atanasio Déniz Dalton 18 años.
317. Natividad Déniz Dalton. 7 años.
318. José Déniz Dalton 4 años.
319. Guadalupe Déniz 2 años.

320. J. Jesús Sabas 34 años.
321. Rosario Déniz de Sabas 25 años.
322. J. María Sabas Déniz 8 años.
323. Juana Sabas Déniz 6 años.
324. Concepción Sabas Déniz 3 años.
325. Nicanor Déniz 43 años.
326. Rosa (Callejas) de Déniz 39 años.
327. Carmen Déniz C. 19 años.
328. Antonio Déniz C. 18 años.
329. Josefina Déniz C. 15 años.
330. Jesús Déniz C. 14 años.
331. Juana Déniz C. 8 años.
332. Consuelo Déniz C. 6 años.
333. Marcelino Ríos 41 años.
334. (Lorena) Barajas 51 años.
335. Francisco García 21 años.
336. Sebastián García 16 años.
337. Roberto Preciado 37 años.
338. Marcos Ramírez 23 años.
339. José Godínez Telles 39 años.
340. Jesús Telles viuda de G. 61 años.
341. Trancito Gaytán de G. 32 años.
342. Catalina Godínez 34 años.
343. Francisca Godínez 29 años.
344. Francisca Telles 40 años.
345. Aurora Telles 9 años.
346. Sabina Telles 89 años.
347. Lucas Gaytán 81 años.
348. Luciana González de Gaytán 70 años.
349. Martin Gaytán 36 años.
350. Margarito Gaytán 34 años.
351. Esteban Gaytán 20 años.
352. Arturo Cuevas 26 años.
353. Ángela Montes de Cuevas 23 años.
354. Carolina Cuevas Montes 4 meses.
355. Antonia Delgado A. 9 años.

356. Alfonso Cuevas 28 años.
357. Josefina Ruiz de Cuevas 23 años.
358. Enrique Cuevas Ruiz 2 años.
359. Fernando Cuevas Ruiz 2 meses.
360. Eduardo Reyes 53 años.
361. Fidencio García 33 años.
362. Dorotea Gutiérrez G. 34 años.
363. Félix García 13 años.
364. J. Jesús Gutiérrez 20 años.
365. Maximiliano Gutiérrez 15 años.
366. Everardo Fregozo 30 años.
367. María Rivera de Fregozo 24 años.
368. Angelina Fregozo Rivera 7 años.
369. Alfredo Fregozo Rivera 4 años.
370. Irene Fregozo Rivera 1 años.
371. José García 23 años.
372. Juana Gutiérrez García 22 años.
373. Ana María García G. 3 años.
374. Epigmenio García 46 años.
375. Francisco Vázquez 39 años.
376. Vicenta López 61 años. (Mi Bisabuela paterna.)
377. Concepción Solórzano López 22 años. (Mi tía Concha)
378. Secundino Avalos 37 años.
379. Francisca Solórzano 26 años.
380. Josefina Avalos Solórzano 9 años.
381. Leonor Avalos Solórzano 5 años. (Mi tía que vivía en Colima en el Móratele)
382. Antonio Avalos Solórzano 4 años.
383. Santiago Avalos Solórzano 2 años.
384. Fortino Gaytán 35 años.
385. Isabel Jiménez 24 años.
386. Concepción Gaytán 16 años.
387. María Luisa Gaytán 10 años.
388. Rebeca Gaytán 6 años.
389. José Gaytán 1 años.
390. Casimira Jiménez 24 años.

391. Abel Flores J. 3 años.

392. Carlos Flores J. 1 años.

393. José Jesús Jiménez 15 años.

394. J. Dolores Urzua 65 años.

395. Concepción González 41 años.

396. J. Concepción Sánchez 19 años.

397. María Sánchez 17 años.

398. Vicente Sánchez 15 años.

399. Ángela Sánchez 8 años.

400. Demetrio Rodríguez 98 años.

401. Eusebio Villegas 50 años.

402. María B. Villegas 42 años.

403. Fernando Aldama 18 años. (Peluquero.)

404. Otilia Sánchez 40 años. (Maestra del: Kínder Jardín de Niños Otilia Sánchez, en aquellos tiempos)

405. José Fregozo 24 años. (Vaquero)

406. Ramón Fregozo 20 años. (Vaquero)

407. Modesta Miranda 56 años.

408. María Trinidad Barajas 15 años.

409. Ángela Barajas 12 años.

410. María Barajas 10 años.

411. Catalina Barajas 6 años.

412. Crispín Hernández 38 años. (Hojalatero)

413. Miguel Hernández 18 años.

414. Anastacia Hernández 16 años.

415. Julio Toro 61 años.

416. (Galiana) Martínez de Toro 53 años.

417. J. Jesús Toro Martínez 25 años.

418. Herminia Toro Martínez 19 años.

419. Luis Toro Martínez 14 años.

420. Melecio Márquez 20 años.

421. Julia Macías M. 19 años.

422. Ángela Asencio M. 40 años.

423. Aurelio Mancilla 27 años.

424. Micaela Moreno de Mancilla 26 años.

425. M. Carmen Mancilla Moreno 7 años.

426. Ángel Mancilla Moreno 6 años. (Padrino de confirmación de mi hermano Alemán y mío.

427. Roberto Mancilla Moreno 4 años.

428. Casimiro Delgado 42 años.

429. Francisca Navarro D. 49 años.

430. Domitila Delgado Navarro 10 años.

431. Luisa Delgado Navarro 8 años.

432. Crispina Delgado Navarro 6 años.

433. Benito Chávez 41 años.

434. Jesús Aviña de Chávez 26 años.

435. Luis Chávez Aviña 4 años.

436. Rosenda Chávez Aviña 2 años.

437. Camilo Moreno 50 años.

438. Lorenza Cárdenas M. 40 años.

439. Refugio Moreno C. 15 años. (Doña Cuquita.)

440. Ramona Moreno C.10 años.

441. Jesús Moreno C. 20 años.

442. Carmen Moreno C. 9 años.

443. Antonio Moreno C. 7 años.

444. José Moreno C. 11 años.

445. Pedro Sabas S. 22 años.

446. Martina Sabas 40 años.

447. Fortino Sabas S. 20 años.

448. Feliciano Sabas S. 19 años.

449. Ma. Guadalupe Sabas S. 11 años.

450. Carlos (Kikumatsu) Kamey Marmoto 35 años. Carpintero.

451. Josefina Solórzano de Kamey 24 años.

452. Isidro Kamey Solórzano 7 años.

453. José Kamey Solórzano 4 años.

454. Amparo Kamey Solórzano 2 años.

455. Ricardo Fregozo 41 años.

456. Refugio Gutiérrez 40 años.

457. María Fregozo G. 18 años.

458. Gabriel Fregozo G.15 años.

459. Rodolfo Fregozo G. 14 años.

460. Ester Fregozo G. 10 años.

461. (Mauricio) Fregozo G. 9 años.
462. Pedro Tapia 31 años.
463. Ma. Refugio Tapia 45 años.
464. Rafael Montes de Oca 26 años.
465. Francisco Montes de Oca. 17 años.
466. Leonardo Guzmán 33 años.
467. Biviana Larios de Guzmán 29 años.
468. Leopoldo Guzmán 14 años
469. Alvino Guzmán 13 años.
470. Prisciliano Guzmán 3 años.
471. Silvina Guzmán 4 años.
472. José Guzmán 2 años.
473. Emilio Rincón 60 años.
474. Clemencia Ruiz de Rincón 40 años.
475. Ma. Inés García 39 años.
476. Refugio Aguilar G. 9 años.
477. Adela Aguilar G. 12 años.
478. Emilio Aguilar G. 7 años.
479. Narcisa Aguilar G. 8 años.
480. Hermenegildo Larios 66 años.
481. Petronilo Larios 36 años.
482. Miguel Larios 26 años.
483. Sabina Larios 18 años.
484. Marcos Larios 30 años. Y su esposa fue mi tía.
485. Jesús Carrillo 26 años.
486. Matilde Larios 4 años.
487. Atanasio Hernández de 46 años.
488. Zenaida Eufracio de 36 años.
489. Jesús Hernández E. 22 años.
490. Rosa Hernández E. 20 años.
491. Modesto Hernández E. 18 años.
492. Angelina Hernández E. 14 años.
493. Fidel Hernández E. 12 años.
494. José Hernández E. 6 años.
495. Emilio Hernández E. 3 años.
496. Guadalupe Chávez 61 (Macho)

497. Franscisca Eufracio 46 años.
498. José Jiménez 20 años.
499. Ramón Chávez 6 años.
500. Jesús Chávez 7 años.
501. Anastasio Muñiz 53 años.
502. Jetrudis Rangel de Muñiz 49 años.
503. Rafael Muñiz Rangel 26 años.
504. Adelayda Muñiz Rangel 21 años.
505. José Muñiz Rangel 18 años.
506. Anastasio Muñiz Rangel 7 años.
507. Nicanor Palomo 45 años.
508. Petra del Toro de Palomo. 40 años.
509. Feliciano Palomo del Toro 19 años.
510. Antonia Palomo del Toro 17 años.
511. Carlota Palomo del Toro 13 años.
512. Santos Palomo del Toro 10 años
513. Amelia Palomo del Toro 22 años
514. Juan Palomo del Toro 8 años
515. Aniceto Hernández 34 años
516. Sabina Torres 24 años
517. Ángel Hernández Torres 3 años
518. Margarita Hernández Torres 1 años
519. Marcelino Hernández 40 años
520. (Crispina*) Ortega 33 años
521. Julia Hernández Ortega 18 años
522. María Hernández Ortega 16 años
523. Jacinto Hernández 63 años
524. Dionicia Corona de Hernández 36 años
525. Apolonio Verduzco 8 años
526. Consuelo García 6 años
527. Juan Ramírez 27 años
528. Altagracia Magaña 20 años
529. Natividad Montero 41 años
530. Bacilia Magaña 33 años
531. Pedro Montero Magaña 10 años
532. David Montero Magaña 4 años

533. Tomas Magaña 26 años
534. María Rodríguez 23 años
535. (Bentura *o Bertina) Déniz 63 años
536. Jesús Chávez 10 años

Estos fueron los últimos nombres del primer censo de San José Del Tule Municipio de Pihuamo Jalisco México y este fue en 1930, pueden consultar sus datos en Ancestry.com Ignoro como fue a llegar a este lugar, pero en el fondo me agrada tener donde consultar parte de nuestra historia.

El día 5 de febrero de 1992 mi abuelito cumplió 95 años, yo contrate al trio de Don Chuy García de Pihuamo para llevarle mañanitas, (Trio Encinas) fueron con don Chuy, sus hijos Rigoberto, (Rigo) y José Luis García Virrey. No muy temprano a eso de las 8 de la mañana.

Mi tía Amparo se sorprendió un poco de la visita del trio, aunque le gustaba la música de Don chuy y sus hijos, pero, pues yo no había avisado así que nos dijo: déjenme ver si mi papa ya despertó, pero el trío no escucho y al llegar a la puerta del cuarto de mi abuelito, empezó con las mañanitas y al abrir la puerta del dormitorio de mi abuelito, el, ya estaba despierto semiacostado en la cama y le dio mucho gusto el detalle, yo le cante la Canción Mi viejo que diera a conocer Piero un cantante Argentino, luego de varias canciones cantadas por el trio, mi abuelito dijo: Bueno sálganse un poquito para ponerme pantalones, porque estoy encuerado. Era broma pues siempre uso ropa interior. De ahí nos fuimos a la casa de mis papas donde yo había preparado una canela y ponche caliente y ahí le hicimos una pequeña fiesta, creo que era un miércoles ese día, y se le estaba preparando un gran convivio familiar para el próximo sábado, en el cual estuvo de nuevo el trio de Don Chuy, misa al aire libre en la casa de tía Amparo, y con muchos familiares y amigos, mi abuelito canto, comió y tomo un poco, y se tomó bastantes fotos con la visita, hubo hasta una película de formato VHS que grabo un compadre de mi hermana Lourdes, y que gracias a él tenemos un recuerdo grabado en película de mi abuelito, la cual ya transferí a un formato digital y lo subí a YouTube y así conservarlo siempre.

Mi hermano Héctor Kamey, Gil Rebolledo y Odilón Hernández. Atrás con un balón Roberto Moreno Gómez.

Plaza de toros de San José del Tule, en sus primeras etapas de gradería. 1984.

Equipo Infantil. Del Tule Armando García Kamey, Vicente Kamey Ibáñez,

Josefina Solorzano lopez y Carlos Kamey Marmoto

Después de su fiesta de Cumpleaños, pasados unos días mi abuelito me pidió que le ayudara a guardar sus herramientas de la carpin-

tería no eran muchas, el mismo las limpio y yo las puse en su cuarto, luego me pidió que si iba a Pihuamo le comprara una chapa con llave para el cajón de su escritorio pues se le habían perdido las llaves del que estaba puesto. Así yo fui a Pihuamo y le compre la chapa con llave que él me encargo y yo mismo le ayude a cambiarla de su escritorio, esta chapa tenía dos llaves por lo cual le di una y la otra la colgué junto a un ropero por si se necesitaba después.

Esto fue como en marzo de 1992, en los meses que siguieron me toco llevarlo a visitar a su amistad la señora Concha Gudiño quien vivía en el crucero del Tule, también lo lleve a cortar el cabello a Pihuamo, por cierto, que era muy poco el que le quedaba, frente de la tienda de Don Rafael Amezcua al voltear por el mercado ahí le gustaba ir a cortarse el pelo, y ahí me quedo la última anécdota para compartirla con ustedes.

Mi abuelito caminaba muy lento, y Pihuamo tiene sus calles de sube y baja con muchas banquetas altas, y uno se cansa de tanto subir y bajar dichas banquetas, y mi abuelito lógicamente se cansó, entonces me pidió que descansáramos un poco sentados en una banqueta, estando ahí paso un taxi, ahí le decimos coche de sitio de Pihuamo, y el chofer me pregunto que si ocupaba servicio a lo cual le dije que sí, y nos subimos al auto para regresar al Tule, y de nuevo el chofer me preguntó por la persona que me acompañaba, le dije que era mi abuelito, y me dijo el chofer, que mi abuelito estaba ya muy viejito, y me preguntó que si yo no me apenaba o avergonzaba al acompañar a mi abuelito, a lo que yo le contesté:

¡¡¡Que si mi abuelito me lo pidiera o si fuera necesario hasta lo cargaba y que para mí era un orgullo poder servirle de algo.!!!

Después de eso continúe con los preparativos para abrir el restaurant cerca de la clínica de Pihuamo el cual logre ponerlo al servicio el día primero de junio de 1992, donde desde el primer día hubo muy buena clientela y durante tres años me fue bien.

Su servidor José Kamey con el Ingeniero Santiago Sosa Guajardo, José Arias (Zancarreal) y Salvador Aguirre cuando se sembraron papayos e inicio el vivero de plantas frutales en San José Del Tule 1973-1978.

Mi papá, José Kamey Solorzano.

Continuaré hablando de mi abuelito, pero ahora les platicaré un poco de mi papá. Mi papá se llamó José Kamey Solórzano, fue el segundo de los hijos de mi abuelito japonés, nació el 21 de marzo de 1926 y falleció el 4 de febrero de 1985. Una vez llegaron unos japoneses a visitar a mi abuelito en San José Del Tule y entre ellos había uno como de la edad de mi papá, se llamaba o apellidaba Nakamura y ambos tenían cierto parecido, por lo que cuando el grupo se fue del pueblo, a mi papá le empezaron a apodar La Kamura, con el tiempo solo se quedó con el apodo de Kamura.

Mi padre fue campesino de los buenos, y un hombre muy noble, de mil ejemplos buenos para ser mejores ciudadanos. Trabajo en casi todas las labores del campo, sembraba maíz, pepinos, frijol, jitomate, rábanos, repollo, cilantro, zanahorias, calabacitas, cebollita de rabo, cacahuate, chiles, etc. Hacia leña, fue en su época el mejor chacalero del poblado, oficio que le enseño, un señor llamado Jesús Manzo a quien le decían Don Chuy Chacales, también fue yuntero y araba la tierra ya fuera para sembrar el maíz o las cañas, carpintero, técnico agropecuario gracias a la práctica trabajando con las plantas frutales o de ornato, trabajando varios años para un programa del gobierno en el sexenio del presidente de México Lic. Luis Echeverría Álvarez.

A mi papá le gustaba cazar, para llevar comida a casa, palomas, venados, etc.

Anécdota del rifle 22 de Don Agustín Carrillo.

Un amigo de él, Don Agustín Carrillo tenía un rifle 22, y se lo prestaba a mi papa de vez en cuando, mi papa solo le compraba las balas, y le daba algunas a don Agustín como agradecimiento por prestarle el arma, cuando iba al cerro, ya fuera que mi papa iba a Colima o encargaba una cajita de municiones cuando alguien iba a Colima, así aprovechaban antes, pedirles de favor algún mandado, y pues mi papa encargaba una cajita de los llamados tiros.

Una ocasión, en que mi papa vendió el maíz de la labor, la cosecha esa vez fue muy aceptable, y mi papa agarro una buena cantidad de dinero por la cosecha vendida, y con la inquietud de ofrecerle a don Agustín comprarle su rifle se fue a la casa de este señor a ver televisión un rato. Eran las peleas de box de los sábados, y estando ahí un buen rato mi papa le dijo: Agustín te compro tu rifle en cuanto me lo vendes, y el señor Agustín pensando que mi papa no tenía dinero, o por lo menos no llevaba consigo, le contesto, sin salir de aquí, si me das cien pesos, el rifle es tuyo. Y mi papa se metió la mano al bolsillo del pantalón y saco una paquita de billetes, y de ahí le conto los cien pesos. El amigo Agustín se quedó sorprendido y le pregunto, ¿De dónde traes tanto dinero Kamura? Y mi padre le explico que acababa de vender su Maíz. Así fue como mi papa compro el rifle 22 de Don Agustín Carrillo. Mi papa fue muy bueno para cocinar la birria, y decía, que no le sobren especias, pero que no le falten.

Otra anécdota.
Sucedió cuando nació mi hermano Jacobo.

Fue un otoño creo de 1970, en ese tiempo era la temporada de sembrar caña, y yo me iba a casa de mis abuelitos para ayudarles un poco a su mucho que hacer. Era un rancho como dije anteriormente más o menos a dos kilómetros del pueblito y estaba al lado de la carretera nacional entre el Tule y Pihuamo. Ahí pasaba yo algunas semanas y después regresaba a casa.

Bueno entre mis deberes diarios estaba el ir al Tule a comprar carne, verdura y a veces hasta tortillas, cuando no molía nixtamal en el molinito de mano, que estaba puesto sobre un tronco de madera dura y de donde mi abuelita Chepa, tomaba la masa para hacer tortillas. Y bien, mi abuelita me dijo esa ocasión: vas al Tule, compras carne y verduras, y después vas a tu casa a ver cómo están y te regresas pronto.

Yo me fui caminando, era sábado y al llegar al poblado, compré rápidamente los encargos, pero no fui a casa, para regresarme pronto al rancho. Entonces estaba un camión de carga, que manejaba el señor don Jesús Ojeda, que se usaba para transportar las cañas al ingenio y que en ese tiempo llevaba cañas para sembrar; era caña con todo y hoja y que los sembradores le quitaban dichas hojas al momento de sembrarla en el surco, y los trabajadores me dijeron: ¡súbete! Vamos a pasar por el rancho y ahí te bajamos, entonces me subí a la carga de caña del camión junto con los demás trabajadores, y el chofer no se dio cuenta que yo iba junto con los demás campesinos. Y si paso por el rancho, pero no se detuvo y aunque los que iban arriba gritaron y gritaron el chofer no los escucho pues llevaba los cristales del camión hasta arriba, y, además, hacía mucho ruido porque era un camión viejo, y solo paro hasta llegar al terreno donde iban a sembrar las cañas. Le llamaban el Rincón Colorado, cerca del poblado de la Estrella.

Ahí espere a que bajaran la carga. Esto me demoro como tres horas, y nos regresamos al rancho donde mi abuelita me esperaba bien enojada, preocupada por no saber dónde estaba yo, y al preguntarme si había ido a ver a mi mama le conteste que sí, entonces me dijo: ¿y que viste? Le dije: nada. Entonces me dijo no seas mentiroso, si hubieras ido habrías visto a tu hermanito que recién nació anoche. Y ese hermanito es Jacobo. Luego me mando a llevar leña del potrero, y no me tarde mucho, pues ahí había mucha leña. Después mi abuelito muy cariñoso me invito a que pasara a comer, y olvidara el incidente que al fin todo estaba bien y que no había porque preocuparse. ¿Qué cosas verdad?

A pesar de estos incidentes sin importancia yo sentí un cariño especial de parte de mi abuelita. Ahí en el rancho dormí muchas veces, y durante el día comía de todas las clases de golosinas y frutas que mi abuelita compraba, dulces galletas, manzanas, nueces, refrescos, etc. Aunque yo iba a la leña, a las guayabas, a los cuhiles, a acarrear agua, a ayudar a darle de comer a las gallinas o lavar los chiqueros o ir a llevar alguna gallina que vendían, para mi nada era pesado.

Además, yo hacia los mandados y casi siempre mi abuelita me daba algo de dinero, así que no me puedo quejar ya que casi siempre tuve algo para gastar.

Mi papa también fue albañil de ideas futuristas, hacia carnitas y chicharrones, sacrificaba y destazaba puercos reses y chivos, además cazaba venados tejones, y demás animales del monte que se comen, era un gran birriero oficio que alcanzamos a aprender varios de sus hijos, era un magnifico cazador, muy bueno para tirar y pegar con el rifle. Tenía un calibre 22 y con este mataba palomas, chichalacas (chachalacas) tejones, venados, armadillos, iguanas, torcacitas, codornices, y más animales silvestres que se pueden comer, a veces me decía donde le iba a pegar a alguna paloma y ahí le pegaba el tiro, era de verdad muy bueno y hasta le zacateaban o querían evitar que participara cuando había algún torneo de tiro al blanco, pues hubo ocasiones que llevaron a cabo torneos de tiro al blanco; Además de matar unos animales llamados güinduris, que son gatos monteses. A estos les quitaba la piel para venderla, con ese mismo rifle llego a matar víboras que se nos aparecían por el camino.

El Ingeniero Santiago Sosa Guajardo y mi papá José Kamey Solorzano.

A mi papa lo recuerdo muy bien, cuando se sentaba al lado de la vieja mesa de madera, en unas sillas de pequeñas tablitas que se podían doblar, y sobre la mesa un llamado aparato de petróleo, que era un depósito con base todo de cristal o vidrio, y una bombilla que alumbraba toda la casa, y mi papa tomando una taza de café con alcohol, canturreando una canción, algunas veces alegre otras melancólicas, por ejemplo la del "Que Bonito Frijolito" El Venadito, Agustín Jaime, El Barzón, o Presentimiento, La Gitanilla, Varita de Nardo, Caminemos, Los Dos, etc.

A veces se pegaba en la nuca como que le dolía la cabeza, y se quejaba de dolor de espalda como aporreado, y se quejaba del dolor como reumas de los pies, fue el resultado de tanto entrar al agua cuando iba a los chacales al arroyo se resfriaba y los dolores lo amortiguaba mezclando sebo de chivo o de res con ajo machacado y se lo untaba en sus extremidades.

Mi papá también padecía de gastritis decía que eran úlceras, para lo cual a veces tomaba un medicamento llamado estomacurol que era como leche de magnesia en polvo, o te de estafiate que es muy amargo y algunas veces hasta masticando las cañas de azúcar decía que lo aliviaban un poco.

Sí, lo recuerdo muy bien, mi padre era un gran pensador y decía frases que creo, él se inventaba, y fue muy cariñoso con todos sus hijos, nos amaba con toda su alma y nos defendía ante quien fuera si era necesario, y sin duda alguna haría lo que fuera necesario para protegernos.

En una ocasión íbamos caminando mi papa y yo, (yo tenía unos once años de edad.) por una parcela de un señor llamado Aurelio Barajas Q.E.P.D. Junto con una hermosa perrita que teníamos en casa, era una pastor alemán llamada la loba, cuando esta empezó a ladrar a unos veinte metros de donde nosotros estábamos en el camino, agitada y desesperadamente, sin parar de ladrar casi enseguida escuchamos un fuerte silbido muy agudo y entonces mi papa me dijo: Corta una rama porque es una víbora y la vamos a matar... yo un poco temeroso me acerque a un arbolito para cortar la rama y mientras mi papa se asomaba dónde estaba el reptil, este estaba al otro lado de un canal de riego, el cual estaba hundido como a cuatro metros y tres metros de ancho, el reptil que era muy largo y gordo se aventó contra la perrita y por lógica contra nosotros, pero afortunadamente cayo pesadamente en el fondo del canal, entonces mi papa me pidió piedras en lugar de ramas y le aventó piedras mientras la víbora quería subir por el paredón rechiflando para atacarnos pero mi papa logro mantenerla sin que se pudiera subir hacia nosotros hasta que le despedazo la cabeza, fueron unos minutos de mucha tensión, pues la víbora era muy grande y estaba furiosa, y había peligro que nos pudiera picar o morder, la víbora se nos abalanzaba, por suerte no logro su objetivo.

Un poco después mi papá le apretó la panza hasta sacarle un tlacuache chico, el tlacuache ya estaba muerto y su cuerpo estaba lleno de babaza de la víbora, y parecía que tenía el cuerpo todo quebrado, mi papa me explico que las víboras en su mandíbula tienen como una bolsa, y que era como un molino, y con ella trituran los animales que atrapan para poder digerirlos, ese fue un rato muy desagradable para mí.

En otra ocasión, dentro de la casa donde vivíamos, que estaba llena de agujeros, por el lado de la cocina, estaba un pretil que era de dos columnas de solo unos cinco ladrillos de alto cada una y sobre ellas una tabla, y sobre la tabla unas ollas y cazuelas.

Pues bien, sucedió una ocasión, que mi mama se levantó temprano y quería una olla de cuello ancho, que usaba para cocinar los tatemados de venado, o Tejón, y cuando levantaba la olla se dio cuenta que estaba una culebra enredada debajo de dicha olla, a lo que mi mama muy asustada inmediatamente puso sobre aviso a mi papa quien con su rifle 22 la mato de un tiro en la cabeza, y al balazo se desenredo y vimos lo larga que era, como de metro y medio, le llamaban malcoa y dicen que estas culebras ahorcan a la gente.

En otra ocasión, a un lado del camino cerca de la labor de maíz estaba un nido de pajaritos y ya se oían cantar, estaba como a cuatro

metros del camino en una falda del cerro llena de pequeños arbustos.
Un día en la tarde pasamos por ahí y escuchamos a la madre pájara
chirriando, volando alrededor no muy lejos del nido, y al fijarnos
vimos un reptil o culebra llamado apalcuate es de color azul fuerte
muy brilloso, es muy veloz y dicen que persigue la gente.

Pero bueno
este reptil, estaba devorando los pajaritos de apenas días de nacidos,
entonces mi papa tomo un palo como de un metro de largo que encontró en el camino y le tiro con fuerza al apalcuate y le pego en la
mera panza que lo aventó más abajo del camino como a seis o siete
metros de nosotros, y luego este apalcuate arrastrándose, velozmente
se alejó de nosotros, y como esta ocasión fueron varias más en que
los reptiles me causaron asco, susto y horror, por lo que no les voy a
contar otras asquerosas anécdotas de víboras.

Mi padre como todo buen mexicano era un mil y un usos. Sabía
de carpintería, productor de plantas frutales y de jardín. Sabía injertar y producía su propia pasta selladora para cicatrizar las podas. Fue
buen labrador. Trabajo en el ingenio de azúcar; en los trapiches de
piloncillo; arreglaba radios y aparatos electrodomésticos, recargaba
baterías de autos que usaban para hacer funcionar los tocadiscos de
la época; pescaba chacales y peces de los arroyos cercanos, para comer
y vender. Cazaba animales salvajes como los tigrillos o gatos montes,
llamados "Güinduris" de los cuales vendía las pieles en Colima.

Conocía toda la sierra como la palma de su mano, y andaba por
caminos solo conocidos por él. Además de saber descifrar las piedras
grabadas por los naturales precolombinos o sea los llamados indios
de América, y escarbaba la tierra haciendo pozos de los cuales llego
a sacar ollas de barro, huílanches o metates sin patas, cuchillos de
obsidiana, herramientas de piedra y figuras de barro, algunas de las
cuales vendía en Colima. Yo creo que de ahí las traficaban al extran-
jero, y de ahí sobrevivíamos con lo que le daban los llamados coyotes
de arqueología.

En fin, mi padre fue un hombre cien por ciento trabajador ya les
iré hablando de anécdotas junto con mi padre, como esta:

Los Bueyes.

Un día estaba trabajando de yuntero, había un trabajo en ese tiempo que consistía en darle tierra a la caña y se le llamaba mariposear, pues se usaba un arado que le llamaban mariposa.

Y bien sucedió que la yunta estaba formada por un novillo y un buey, lo hacen para entrenar el novillo al trabajo, los novillos son toros no muy viejos y fuertes, así es como llegaban al nombre de buey. Pero estos animales cuando recién empezaban a hacer estas faenas se revelaban, por lo que no era tan fácil acostumbrarlos al trabajo del campo. Así un día lluvioso el río llevaba la corriente fuerte y mi papa estaba a un lado de dicho río trabajando con la yunta. De pronto el novillo empezó a correr y se metió al río jalando con él a su pareja el buey con todo y arado y por ende a mi papa que preocupado no hallaba como sacarlos de la corriente con la preocupación que no eran de su propiedad y que él río llevaba bastante fuerza como para llevárselos o ahogarlos a todos, después de mucho batallar dentro del agua logro sacarlos. Eran momentos de angustia que después de tal tensión mi padre se puso a descansar en la arena al bordo del río respirando profundamente.

Cabe mencionar que mi padre nunca se quejó de los pesares del trabajo y por difíciles que estos fueran nunca renegó de ninguno de ellos.

Ahí en esas tierras mi papa sembraba maíz, cacahuates, cilantro, calabacitas, pepinos, zanahorias, rabanitos, chiles de árbol, jitomates, cebollita de rabo, y en ratos iba de cacería al otro lado del rio, donde siempre cazaba algo para comer, ya fuera palomas, codornices, torcacitas, y a veces venado, tacuaches, armadillos o tejones, o en tiempos de calor sacaba chacales y cangrejos metiendo las manos bajo las piedras en el rio donde se esconden estos sabrosos crustáceos de agua dulce, así que siempre comíamos muy bien, aunque en ese tiempo yo no lo comprendía, y solo sabía que tenía hambre, y que esos manjares, eran cosa cotidiana.

Jose Kamey Solorzano 1970.

Arroyo de La Barranca, tanque llamado los tres chorritos.

EL CAMINO DEL CERRO
(José Kamey Ibáñez)

Ese camino del cerro, ese lo anduvo mi padre,
Labrando siempre la tierra, desde temprano hasta tarde,
Para alimentar sus hijos, y mantener nuestra madre.

Por el camino del cerro, había mil frutas silvestres,
Guayabas mangos y nances, piñas cuhiles y ciruelos,
Algunas de nombres raros, más antiguas que un abuelo.

Por el camino del cerro, allá en la montaña azul,
Se miran volar las aves, y el correr de los venados,
Se siente cerquita el cielo, en la cumbre de la cruz.

De aquellas lomas mi padre, traía maíz y fríjol,
Pepinos y calabazas, cultivadas con amor,
Mi padre fue campesino, honrado y trabajador.

Por el camino del cerro, se escucha cantar el río,
Con cangrejos y chacales, y sus peces de platino,
mi padre también pescaba, por eso comí tan fino,

Ese camino del cerro, miro pasar a mi padre,
con manos y pies cansados, por las praderas y valles,
Desplumando codornices, que cocinaba mi madre.

Ya no camina mi padre, ese camino del cerro,
Donde vuelan las palomas, donde ladraban los perros,
se está borrando el camino, mi padre ya está en el cielo.

El Camino del cerro a la barranca.

El arroyo de la barranca.

Los monos de barro

Como indique anteriormente, mi padre sabía leer o descifrar las piedras que dejaran marcadas los naturales antes de la conquista de México. Eran piedras grandes que semejaban un poco a alguna loma o cerro cercano, y donde habían hecho algún dibujo o unos pocitos. Ahí en esas piedras marcaron sus panteones, donde al enterrar a los difuntos les ponían cosas, como ollas, figuras de animales de barro y herramientas etc.

Así de esa forma mi padre y algunos de sus amigos, como don Nicanor Barajas, Chon Guzmán y don Margarito Aviña buscaban esos panteones de nuestros antepasados y llegaron a encontrar algunas de esas pertenencias.

Yo los acompañé desde niño muchas veces y fue en una de ellas que yo observe que después de escarbar un buen tramo como de dos metros de profundidad, seguía un escalón de barro y luego una piedra media aplanada le llamaban piedra laja, y de ahí una pequeña hendidura como cueva pero solo sacaban de ahí un metate sin patas, llamado Huílanche, a lo que después de hacer varios pozos de la misma forma, me atreví a hacer un comentario diciendo:

"hum, otra vez el escalón, de ahí sigue la piedra laja y el Huílanche, !! puros Huílanches exclame!!". Entonces en ese momento iba pasando por ahí un señor al que le decían de apodo el Choyo y al oírme, se grabó mi frase y de ahí en adelante siempre me decía cuando me encontraba: ¡apa' otro Huílanche!!! ¡¡Puros Huílanches apa!

Mi padre trabajo mucho en las labores del campo. Allá en el cerro comía a la sombra de los árboles frondosos, calentando el bastimento que le hacia mi mama, en una lumbrada hecha con leña que hacía buenas brazas y donde doraba las tortillas y calentaba los frijoles refritos con su chile de árbol seco frito. Otras veces mi mama le hacia un sope de regular tamaño, relleno de frijoles molidos en el metate con chiles de árbol secos dorados en el comal los cuales también molía en el metate y se los ponía adentro del sope, el cual en el cerro y bien doradito era mejor que una torta de las de hoy día.

Eso era cotidiano cuando íbamos al cerro a trabajar o de cacería. A veces que le quedaba un pedazo de regreso a casa todos querían ese pedazo de sope, le llamaban sope paseado, por el hecho de haber ido de paseo al cerro, hasta mi prima Ana Rosa (Q.E.P.D.) quería que mi mama le hiciera uno, o que mi Papa le diera el sobrante que traía del campo.

En tiempos de lluvia mi Papa agarraba un talache, que es un pico para escarbar y sacaba unas raíces redonditas como los rábanos nomás que ya lavadas son blancas llamadas tacuachines las cuales yo lavaba en el río y llevábamos a casa. Allá mi mama los ponía a cocer con un poco de sal y ya fuera solo o con leche sabían buenísimos.

Hubo temporadas que mi Papa saco estos tacuachines para vender y ya desde entonces recuerdo que tenían buen precio en Guadalajara hasta donde llegamos a llevar, con mis tíos que Vivian allá.

Después mi Papa empezó a experimentar injertando árboles frutales para sembrar en el solar de la casa y otros arbolitos para venderlos. Este oficio lo aprendió en uno de sus viajes como bracero a Estados Unidos. Allá injertaba nogales. Inicio con arbolitos de limón y naranja lima, lima chichona, mandarina, que le injertaba a unos arbolitos llamados naranjo borracho, porque duran muchos años. Después le siguieron, aguacates, mangos, etc. Descubrió como curar los árboles de aguacates de la plaga de gusano barrenador, lo cual es sencillo, solo es de ver donde esta barrenado el árbol y con una navaja o cuchillo descubrir la parte barrenada y en el orificio ponerle una pasta preparada con Aldrin (de polvo) y malatión (liquido) tapando dicho orificio y con esto se muere la plaga y ya no sigue dañando el árbol, así curo algún tiempo la huerta de Don Roberto Sosa del poblado 21 de noviembre.

Por cierto, los muchachos bromistas del Tule, como Bruno López y el Chivo Godínez Ibáñez decían que injertaba guásimas con papayas y parotas con guayabas, pero eran solo bromas pues ellos estimaban el trabajo y creatividad de mi Papa, que por cierto sembraba maíz en las lomas le llamaban ecuaro y se le daba buena la cosecha. Puro maíz mejorado, llamado hibrido, blanco y dorado como el oro y limpiecito que se antojaba tomarse una foto.

Cuando trabajo con el programa del gobierno en el vivero de San José del Tule, produjo plantas muy bonitas, de las cual llevaron a exposición a la feria, durante las fiestas de Ciudad Guzmán Jalisco, sacando primeros lugares y comentarios positivos de su trabajo, las plantas que llevo fueron de guanábano, papayo, guayabo, mango, y limón sin semilla. Estas plantas se pusieron muy bonitas gracias a que las regaba con cubeta de regadera llamada de cebolla, con agua mezclada con un poco de fertilizante, ese era lo que llamaba su foliar mexicano.

San José del Tule en 1974

Mi padre José Kamey Solórzano, experimentando descubrió que el guayabo se podía cortar con un serrucho en pequeños tramos de unos 30 centímetros y sembrarlos en unas bolsas o como les decían, cacharros, y ahí enraízan y pronto dan frutas, tan pronto como que retoñando y produciendo frutas, otros más se pueden hacer que enraícen haciendo una marca alrededor del tallo y poniéndole una bolsa con tierra y aserrín como en forma de tamal alrededor, dejándolo unos dos meses y cuando empieza a echar raíces se corta la rama y se trasplanta a una maceta, y en otros dos meses está lista para ponerla en el suelo donde se va plantar el árbol. En el maíz el revoluciono la siembra al atreverse a sembrar más corto que los demás labradores, pues en ese tiempo la mayoría sembraba a un metro de retirado de tres granos de maíz cada vez, de la clase llamada criollo u tampiqueño, y mi papá empezó a sembrar a cuarenta centímetros de distancia, y de tres y cuatro granos respectivamente, y de la clase llamada hibrida que es el maíz mejorado.

Así mi papá en poco terreno cosechaba más cargas de maíz que otros labradores del poblado. Fue en una de estas cosechas que logro con el maíz vendido comprar la tienda de abarrotes que tenía don Jesús Déniz del Toro, anteriormente de Manuel Rangel, quien a su vez la compró de Alfredo Aldama quien se fue a vivir a Armería Colima con todo y familia un poco antes de que el ingenio dejara de moler canas y producir azúcar.

En esas temporadas de trabajo del vivero y siembras, mi papá empezó a edificar la casa donde viviríamos después con toda la familia. Esta tienda la cerro y con lo que saco de dinero de los abarrotes termino la primer fase de la casa, en 1977, sin embargo para 1978 se terminó el programa del gobierno que apoyaba el trabajo del vivero del Tule, y se quedó sin trabajo, para colmo de males, no les pagaron varios meses, por lo que junto con otros diez trabajadores, entablaron una demanda que tardo un par de años, para que les liquidaran su adeudo, mientras el dinero faltaba, las deudas se fueron acumulando, por lo que yo empecé a ir a trabajar a Colima, trabajé en un vivero, pero el dueño era muy incumplido con la paga, por lo que pronto dejé de ir, y después me fui a Manzanillo Colima, a trabajar a la Termoeléctrica que cerca de ahí se construía ¡¡En Campos Colima!!, pero a la situación económica de la familia no se le miraba una mejoría, por lo que empecé a manejar la posibilidad de emigrar a Los Estados Unidos de Norteamérica, para ayudarle a pagar, cosa que hice el 11 de septiembre de 1978, y llegando a Los Ángeles California trabajé en una fábrica de telas en Carson California, en el área de Los Ángeles, y después en una fábrica de jamón, longaniza y pastrami, y de ahí emigré a Mendota California donde trabajé en un centro nocturno, que se llamaba mi cantina, y se le cambió de nombre a Afro Casino Tropicana, ahí había bailes públicos con grupos de la región, y también con grupos que andaban de gira y tenían algún espacio, se les presentaba en ese lugar, y algunas caravanas de artistas, cantantes y comediantes, entre algunos que recuerdo estaba Ray Camacho y su Orquesta, Grupo Tequila de Fresno de mi amigo Chito Luna, Los Ídolos de Mexicali, Grupo Calipso Show de Los Ángeles, Grupo Primavera de Rubén Roca, Los apóstoles de Raúl Rivera, Grupo Catrín de Salvador Garza y sus hermanos, Los Kuates de Juan González, Grupo Barreno, Grupo cañaveral de Tony López y que después cambio el nombre de grupo Amor y después Grupo Los Braddys, artistas de aquel tiempo como Mr. Alex un gran comediante de Los ángeles California, Isolina La Dama de las serpientes, Jorge Valente, Cornelio Reyna, Álvaro Zermeño etc. Fue ahí en Mendota California donde yo trabajé los siete días de la semana, de diez de la mañana a 2 de la mañana, desde los primeros días de enero, hasta el mes de septiembre, por $100 dólares semanales, pero además mi patrón, don Alfonso Romero, me otorgó casa y comida regresando el 11 de septiembre de 1979, cuando las deudas estaban ya pagadas...Y con un bono por mi servicio pues le agradó y me recompensó con unos cientos de dólares.

Una anécdota de Mendota fue:

Don Alfonso iba y venía de Mendota a Los Ángeles pues allá tenia su hogar, estaba casado, su esposa se llamaba Carmen, y tenía varios Hijos a los que más recuerdo es a Poncho y Lupita.

Pues bien, Don Alfonso Romero hizo un trato, para durante su ausencia hablo con el encargado de un restaurantito se llamaba El Bajío Café, estaba a unos 20 metros del lugar de trabajo, el encargado se llamaba Jesús y le decíamos Yessy, y quedo de darme de comer y juntar la cuenta para cuando don Alfonso regresara de Los Ángeles a Mendota pagarla.

Pues el día que Don Alfonso regreso a Mendota se fue a hacer cuentas al restaurant y ver cuánto se debía de mis comidas, Un ratito después me mando hablar de que fuera al Bajío Café, Yo pensé que ya le habían dado la cuenta y que me iba reclamar que yo había gastado mucho.

Entonces al llegar me dijo, José, ya vi la cuenta y lo que comes, estas comiendo huevos estrellados carnita con chile verde o rojo, en fin, tu trabajo es de muchas desveladas, y con eso que estas comiendo te me vas a desmayar, de aquí en adelante quiero que comas bien, ya le dije a Yessy que te sirva caldos de mariscos y buenas carnes asadas y bistecs de res, no te preocupes por lo que comes, no me pesa en nada pues haces un buen trabajo.

Así era Don Alfonso Romero.

En 1980 mi papa vendió la propiedad donde estaba la tienda, para cercar donde vivíamos con una barda y alambre llamado ciclónico, para proteger el patrimonio de extraños que quisieran apoderarse del lote baldío, como si presintiera que no viviría mucho tiempo físicamente con nosotros, mi papa trabajaba todo el tiempo, se volvió incansable, y tanto de día como de noche hacia cosas en Pro de la familia.

Mi papa se daba tiempo para todo, visitaba mis abuelitos, y a sus hermanos ya casados, así como ir a Colima o Guadalajara a ver sus cuñados y sobrinos a quienes les llevaba lo que diera la temporada, chacales, mangos, guayabas, y los...

Tacuachines.

Tacuachines, carne de venado etc. Era muy acomedido y cuando se requería en los convivíos de familia les mataba algún puerquito y hacia sus chicharrones y carnitas, por lo que era muy granjeador, y se ganaba la estimación en la familia.

En 1983 mi papa José Kamey Solórzano, fue nombrado delegado municipal, en la familia casi nadie estaba de acuerdo en que tomara esa responsabilidad. Mi papa era muy metódico y preocupado de su pueblo y accedió porque quería demostrar cuantas cosas se pueden hacer trabajando, o mejor dicho poner manos a la obra de las necesidades del poblado.

Ya estaba en edad madura, y sabía lo que ocupaba el pueblo, empedrar sus deterioradas calles, avanzar en la construcción de bancas en la plaza de toros, reforzar y adecuar las puertas del Toril donde bajaban o subían a las trocas el ganado, para eso un solar que era de su propiedad junto al llamado toril, lo dono y también compro una casa abandonada pegada al corral donde vivió Filomeno González y Carmen Jiménez y sus hijos. Así adecuo la carga y descarga del ganado.

Luego consiguió permisos municipales para jaripeos y bailes, y fue como empezó a sacar fondos para todas esas obras, empezó el empedrado en el pueblo, lo inicio desde el zaguán de abajo, lo continuo por las calles principales, para darle prioridad a la zona del cuadro del pueblo original, dejando al último por el lado del zaguán de arriba barrio donde está la casa de su familia, para que no fueran a decir, que era una obra para su beneficio personal.

También le ayudaba al equipo de futbol del Tule, dándole unos de esos permisos para que el equipo de futbol hiciera un evento, y que obtuvieran dinero para sufragar sus gastos en el equipo, y comprar uniformes y materiales que necesitaban.

Del dinero que ganaba y de lo que sus hijos le ayudaban, cuando mi papa consideraba necesario hacer un gasto, lo consultaba con sus colaboradores.

Sus colaboradores en su comité del patronato fueron Don Jesús Padilla y Don Alejo Larios Ramírez.

Sin embargo, el 4 de febrero de 1985 mi papa falleció, y varias de sus obras materiales en curso quedaron inconclusas, en el estado de cuentas, sus colaboradores, mostraron una pequeña deuda a favor de mi papa, y Don Carlos Amezcua quien fue el que siguió como presidente del patronato de mejoras materiales, muy atento se comprometió a pagar esa cantidad a mi mama, y lo cumplió. Don Carlos continuo varias obras mas en el pueblo y consiguió muchas corridas de toros y grupos que amenizaban bailes muy alegres.

Mi padre reposa en el panteón municipal de Pihuamo, en la misma fosa descansan los restos de mi abuelito Japonés, Carlos Kikumatsu Kamey Marmoto, mi abuelita paterna María Josefa Solórzano López, mi mama María de Jesús Ibáñez García de Kamey, y mi hermano mayor Marco Antonio Kamey Ibáñez.

Espero que un día yo también pueda estar ahí, junto con mi amada familia.

Casa de La Familia Kamey Ibáñez en San José Del Tule Jalisco.

Mi tía Amparo Kamey Solórzano.

Mi tía Amparo Nació el 10 de diciembre de 1927.

Fue la única hija mujer del matrimonio de entre mi abuelito Carlos y mi abuelita Chepa.

Mi tía Amparo desde niña se enseñó a confeccionar ropa de mujer, inicio haciendo vestiditos a las muñecas, cuenta que mi abuelito le compro una máquina de coser de las antiguas Singer de pedal, hasta que inventaron las de electricidad, y se fue perfeccionando, creando con cada corte de tela hermosos vestidos para todas las edades, desde vestidos casuales, hasta esplendorosos vestidos para novia o Quinceañera u para presentaciones de gala, sus vestidos, fueron muy reconocidos por su belleza y perfección, también hacia camisas y pantalones, y durante mas de 60 años confecciono ropa, especialmente de mujer, hasta que por la edad y su salud física ya no pudo continuar con tan preciosa labor.

Mi tía Amparo fue la mejor modista que dio el Tule, siempre muy profesional, aunque nunca salió de la región, mucha gente de la región la procuro para que les confeccionara su ropa, las familias distinguidas de Pihuamo, el 21 de Noviembre, Tecalitlán y Tuxpan, hablaban de la calidad y hermosura de sus diseños, mi tía Amparo se distinguió por ser una confeccionadora de ropa de primera calidad, hermosa y de estilo único.

Mi tía Amparo siempre fue muy platicadora, muy amable, sonreía mucho y de buen carácter, se casó con Daniel García Gálvez (QEPD) y de su matrimonio nacieron: Leticia, Dora Luz, Martha, Corina, Ana Rosa, Enomia, Judith Ileana y Armando. Mi tía Amparo con la edad le dio la enfermedad de Alzheimer perdiendo poco a poco la memoria, hasta el momento de escribir estas líneas mi tía Amparo vive en su casa en el Tule y la cuidan sus hijos, Enomia y Armando, además su nuera Rosa María Lara Ojeda y los nietos de mi tía Amparo Juan Carlos y Daniela, aunque las demás hijas no la desamparan y están siempre al pendiente y la visitan muy seguido, Liliana vive en Cuauhtémoc Colima, Corina vive cerca de México, y Dora en el Naranjo San Luis Potosí y pasa largas temporadas en el Tule con mi tía Amparo.

Mi mama María de Jesús Ibáñez García, mi prima hermana Dora Luz García Kamey, su mama y mi tía, Amparo Kamey Solórzano, y mi hermana Hortensia.

Mi tía Amparo desde hace muchos años se aficiono a celebrar las navidades poniendo un pesebre en la sala o recibidor principal de su casa, era muy bonito. Sin embargo, mi prima Lety se encargó de ponerle un toque muy especial pintando papel que parecía cerro árido y pintando el aserrín de verde y azul para que parecieran pasto y montañas, y lo hizo ver más original y con muchas figuritas imaginarias de la época del nacimiento de Jesucristo. Después Dora también lo siguió haciendo. Luego Corina, sin desmerecer una de otra. Sin embargo, Ana Rosa le dio otro giro bello al pesebre con plantas silvestres como piñas, orquídeas y trozos de madera que arrastra el río y que están en formas curiosas. Mi papá un año le hizo la casita para el pesebre de manera que pareciera establo rustico. Ana, además, le añadió algunas figuras más que compro en Ciudad Guzmán como borreguitos, pastorcitos y vaquitas diminutas de cerámica.

En los últimos años la tradición continua, siendo Enomia, Lily, y Rosa María Lara Ojeda (La Gorda) esposa de Armando, las encargadas de construir el pesebre ahora con arbolito de navidad lleno de esferas es más moderna y le ponen al pie cajas envueltas con papel especial de navidad con los regalos para abrirlos la noche del 24 de diciembre o el 25 por la mañana, El pesebre de la Familia de mi tía Amparo Kamey Solórzano es el mejor pesebre navideño que yo he visto en San José Del Tule y más bonito que miles de pesebres navideños que he visto en mi andar por el mundo.

Del 16 al 24 de diciembre en el pueblo del Tule hacen las fiestas llamadas posadas, con cantos de posadas y villancicos por las calles del poblado, y después de un rosario hay piñatas, ponche caliente o atole y tamales donde toda la población convive y asiste a la iglesia recordando que el Señor San José y la Virgen María pidieron posada en Belén de Galilea y los pobladores se negaron a darles asilo, y que San Francisco de Asís se encargó de darle un giro a esta tradición haciendo que de manera simbólica los pobladores posteriores de todo el mundo católico si les abrieran las puertas de sus casas para que la Sagrada Familia permanezca una noche con ellos, haciendo una pequeña fiesta.

Mi prima hermana Lety, también fue buena para confeccionar ropa, además de aprender repostería y cortes de pelo, preparaba unos platillos exquisitos de un gran sabor con recetas nuevas; algunas de los libros y otras de su inspiración. Hacia pasteles para las fiestas, pelaba y peinaba a las novias en su boda o a las quinceañeras además de hacer arreglos florales basándose en semillas, migajón, y plastilina ya sea para las mesitas de centro de sala, buros, o para poner en cuadro en la pared. Lety era toda una artista en manualidades, se casó con Gonzalo Morfin y aun después de casada siguió trabajando en su casa para ayudar a su marido un obrero de la mina de Pihuamo. Tuvo dos hijos: al primero le decíamos el gordo, aunque en realidad no lo era físicamente, le decíamos así de cariño. Se llamo Daniel, y una niña muy bonita que fue reina de la primavera en su escuela.

Y sucedió un trágico día... El 26 de diciembre durante la navidad de 1984 iba toda la familia. Gonzalo, Lety, el gordo y la niña. De Tecalitlán la tierra del Mariachi Vargas, al Tule. El auto se salió de la carretera a escasos tres o cuatro kilómetros del Tule, nadie supo cómo sucedió, pero ahí murió toda la familia.

Fue un accidente que consterno a propios y extraños. En su velorio hubo muchísima gente y coronas de flores. Una sola tumba los recibió, primero a la niña luego a Gonzalito, le siguió Lety y por último Gonzalo, el padre de esta familia.

Ahí en ese momento inició la perdida de varios familiares más, pues un mes después, el día primero de febrero, falleció mi prima Ana Rosa en el área de El Naranjo San Luis Potosí. Todo fue rápido y doloroso, las muertes de Lety y su familia unas semanas antes, ahora la muerte de Ana que no tenía mucho tiempo de haberse casado, hasta allá se trasladó mi tía Amparo para darle cristiana sepultura, y aconteció que estando todavía en el Naranjo, San Luis Potosí, en el Tule sucedía otra tragedia en la familia Kamey: el día 4 de febrero falleció mi padre José Kamey Solórzano, hermano de mi tía Amparo.

Mi tía regreso al Tule para velar y asistir al entierro de mi padre. Vuelvo a recalcar que sucedía todo tan rápido que parecía un mal sueño.

Mi tía Amparo y sus hijos Liliana, Corina Enomia y Armando, (Me falto Dora.)

Mi mama María de Jesús con mi abuelito (Carlos) Kikumatsu y mi tía Amparo.

Ultima foto en vida de mi padre José Kamey Solórzano.

Mi tío Isidro y mi tía Goya.

Mi tío Isidro Kamey Solórzano.
Mi tío Isidro Kamey Solórzano 15 de mayo de 1923- 5 de enero 2004.

Fue el primogénito de mis abuelitos, el trabajo muchos años de obrero en el ingenio azucarero. Después del cierre de la fábrica de azúcar, mi tío trabajo en diferentes trapiches de piloncillo en la región como mecánico de los molinos de caña, le gustaba conversar y contar chistes con los amigos y siempre busco la manera de ganar dinero trabajando para darle de comer a su numerosa familia.

Mi tío Isidro y su esposa Gregoria Reyes (Mi tía Goya) parte de la familia
Bertha y Juan y Sofía que es nieta y hasta el perrito salió en la foto.

Felipe Kamey Reyes y su esposa Martha Méndez y su hija Gabriela.

Mi tío Isidro vivió al lado del canal que llevaba agua para abastecer al ingenio en la temporada de zafra, y que hoy en día esa agua que viene del arroyo de la barranca.

Los famosos Tanques desde hace muchos años todavía dan servicio del preciado líquido. El Agua.

Ese canal, pasa por el ingenio hasta llegar a los sembradíos de cañas para regar las parcelas. Recuerdo que yo tenía como unos seis o siete años y miraba que mi tío Isidro tenía en su casa una estufa de petróleo, donde mi tía Goya cocinaba la comida, todavía no había muchas de gas en el pueblo y tener una, aunque fuera de petróleo era señal de holgura económica.

Algo de la Familia Kamey Reyes.

Ley Pa'. Chico no pa' grande.

Una anécdota de Isidro es que, mi abuelito era estricto con la familia y cuando sus hijos estaban jóvenes, comenzaron a llegar cada vez más tarde a casa, 10 u 11 de la noche, o 12 de la media noche o bien a la una de la madrugada, por lo que mi abuelito les impuso a las diez de la noche como hora límite para regresar a casa a dormir, así no tendrían que esperarlos hasta más tarde, preocupando y haciendo enojar a la familia, y dijo mi abuelito a sus hijos: Es Ley, lleguen antes de la diez de la noche, o el que venga tarde encontrara la puerta atrancada, y se va a dormir afuera.

Mi prima Patricia aprendió muy bien el arte de la alta costura.

Que cosas, se dictó la Ley, y antes no era como ahora que los hijos son contestones, antes había respeto a lo que dijeran sus padres o podía costarles unos buenos cintarazos, y antes los hijos no tenían llaves para entrar a la casa o meterse por una ventana a la hora que gusten, antes se usaba una tranca o tabla o fajilla para atrancar y asegurar las puertas, pues a causa de las revoluciones y guerras de cristeros las casas se construían lo más seguras posibles por lo que no era fácil entrar a una casa cuando esta estaba atrancada.

Entonces los muchachos llegaban diario por la noche antes de las diez, y fue cosa que así hicieron por buen tiempo sus hijos respetando la ordenanza, llegando antes de la hora de cerrar la puerta. Como dijo mi abuelito Es Ley. Sin embargo, hubo una ocasión que mi abuelito estaba reunido con unos amigos empezaron a beber licor, entonces mi tío Isidro se enteró, y dijo mi papa hoy esta con amigos y están tomando, no va llegar a la casa antes de la 10 de la noche y como es su ley yo le voy a atrancar la puerta, y así lo hizo, a las diez de la noche atranco la puerta de la casa, y cuando llego mi abuelito Carlos empezó a tocar fuerte para que le abrieran, a lo que mi tío Isidro desde adentro le contesto más o menos así:

"No apa', usted dijo que a las diez se cerraba la puerta; Que se tenía que llegar a tiempo o se quedaba a dormir en la calle, que es ley, y pues ya pasan de las diez de la noche, así que usted ponga el ejemplo y quédese afuera toda la noche." Entonces mi abuelito Carlos airadamente le contesto:

"Abra o tumbo puerta, Ley Pa' chico, no pa' grande".

Lo que motivo para dejar en claro esta frase y aplicarla a todos los chicos de la familia, que aun hoy en día se repite en cada hogar.

"La ley es para chico no para grande".

María Kamey Reyes y su esposo Carlos Varela y su hijo José.

Anécdota:

Contaba mi tío Isidro que una ocasión, mi abuelito andaba tomado y llego enojado a casa, y luego de discutir un rato con mi abuelita, mi abuelito empezó a aventar los trastes, platos, jarros, cazuelas etc. Y estas se quebraban, entonces mi abuelita, también empezó a aventar trastes arrojándolos al suelo quebrándolos, entonces mi abuelito le dice: "? ¿Qué hace?" Y mi abuelita le dijo, pues te estoy ayudando a quebrarlos para que acabes más pronto, al fin que tú los compras. Zas, paro la discusión y mi abuelito paro de quebrar los trastes.

Mi tío fue un buen pariente y tuvo junto con su esposa Gregoria Reyes Chávez si mal no recuerdo 13 hijos: María, Rafael, Aurora, Miguel Ángel, Patricia, Eduardo, Felipe, Ana, Berta, Martin, Teresa, Ramón, y Juan.

Mi tío Isidro y mi tía Goya, hijos: Rafael, Miguel Ángel, Eduardo (Lalo.) Felipe, Martin, Ramón y Juan. Y los que faltan…María, Ma. Aurora, Patricia, Alicia, Ana, y Teresa.

Un lunes 5 de enero del año 2004 falleció mi tío Isidro, en el hospital regional, de Ciudad Guzmán Jalisco.

Mi tío Isidro y mi abuelito Carlos.

Algo de la familia de mi tío Isidro: María Aurora, Patricia, Martin, mi tía Gregoria Reyes, La quinceañera Ketzal, su mama Teresa y Eduardo Kamey Reyes.

Patricia Kamey Reyes y sus hijas.

Mi prima Patricia sus hijas y nietos.

De japonesas a japonesas, chula mi familia.

Y bueno pregunte en mi página de Facebook, por dichos populares de nuestra gente del Tule y alrededores o de amigos o familiares,

Y aquí están algunas respuestas.

Lola Ramírez Al mal tiempo buena cara ,no por mucho madrugar amanece más temprano saludos cocho

Any Verduzco Arechiga Entre menos burros mas olotes

Rafael Zamora Kamey Diría mi tío Nacho Ibáñez que bonitos mis hijos jotos jotos jotos!!!

Teresuki Kamey Reyes Rafael Zamora Kamey te pasas

Jeraldina Kamey Rafael Zamora Kamey Rafa mi tío dice que bonitos mus hijos toco, toco toco...

Rafael Zamora Kamey Jeraldina Kamey ahh entonces esa nos la aplicaba a los sobrinos chingones jajajajaja

Jesús Galván Kamey Rafael Zamora Kamey nomás te decía ah ti por qué algo te sabía 😄😃

Roberto Zepeda Jesús no lo saques a balcón, no ves que se deja la barba para disimular

Vicente Kamey Rafael Zamora Kamey así no era, dice así
Que bonitos mis hijitos
Toco toco toco

Teresuki Kamey Reyes Pues como decía mi APA, no te juntes con gente cabrona , ni pendeja, la gente cabrona siempre quiere chingarte y lo pendeja se pega 😄😄

Teresuki Kamey Reyes Don Chiro cuántos hijos tiene?
Tengo 13
Todos vivos?? Y contesto Unos vivos otros pendejos, pero todos comen.

Alicia Velasco Déniz Cuando el río suena es que agua lleva

Ramona Rivas De Don Pedro Mendoza el cevichero. Hay guevon pa que trabajas si tu vieja te mantiene.

Lola Ramírez Hay reata no te recientes que es el último jalón no te arrugues cuero viejo que te quiero para tambora

Lola Ramírez Revientes

Roberto Padilla Desia mi abuelo colio ay ama secae la cama nocae nomás searrana

José Cazares Trompita como te vas a poner

José Cazares Muchacha no muevas tanto la cuna porque se despierta El Niño

José Cazares A otro perro con ese hueso

José Cazares Pa Los trompos son las cuerdas

Gaby Kamey Lo escuche por ahi no hay huevón que no sea tragón

Jesús Galván Kamey Gaby qiubo jajaja

Gaby Kamey Jesús Galván Kamey JAJAJAJA hay hijo jajaja

José Kamey Jesús No te asustes ni te espantes, ha dicho cosas piores....es un dicho.

Gloria Arias Hernández Decía mi abuelo que los flojos pensaban "si pá tragar me suda el lomo, chingue su madre, mejor no como"

Beto Ramírez Como dice Jerman Kamey a cuanto joto veo

Edelmira Rebolledo Lo escuche la vida es corta y no retoña.

Edelmira Rebolledo Hierba mala nunca muere

Gaby Kamey A boca de borracho oido de cantinero

Gaby Kamey cuando vas por la leche yo ya hice el queso

Daniel Déniz Y como dijo mi suegro José Ramirez.la maisca disparame una pa que veas.

Carlos Andrade Morales Daniel Déniz amigazo Pedro mi hermano se acuerda mucho de ese dicho que decía su suegro

Daniel Déniz O la de chingue su cabron dijo kamey.

Norberto Carlos Godoy Ay te va kamura no es lo mismo un negro amanecer ke amanecer kon un negro

Gaby Kamey Cuando tu vas yo ya vengo

Pedro Serrano Lo que tiene la olla lo saca la cuchara!

Angeles Déniz Barajas Decía José Montes de oca de un no no sale nada y de un si asta un periódico y es muy cierto

Santa Martínez Camarón k se duerme se lo lleva la corriente

Any Verduzco Arechiga El que con lobos se junta a aullar se enseña

Zadokato Mekarinkufu Mokokiwa Como decía el vasito ah cuanto joto veo,,,

Zadokato Mekarinkufu Mokokiwa El cantinero cuando veía una muchacha decía hay chiquiruris

Teresa Valdovinos Notearimes al achador que tebuela la cabeza vale mas tarde que nunca

Amalia R Amezcua CUANDO EL TECOLOTE CANTA,EL INDIO MUERE.

Rafael Zamora Escamilla Como decía José Kamey Solórzano, En la calle les tengo miedo y en el trabajo les tengo lastima.

José Cazares Cuando el río suena es porque agua lleva

Rafael Zamora Escamilla Como decía Doña Chuy Ibáñez García, yo no sería Dios ni a mentadas de madre.

Karla Déniz Buckley En boca cerrada no entran moscas

Ramiro García Rivas hay que ver oír y callar, de lo que hay echar a tu morral

Sandy Ara Velasco Cómo dueño de su atole que le dé las cucharadas que quiera

Arturo Moreno Gomez Ese niño ya ni con cuetes despierta

Lola Ramírez Al buen entendedor pocas palabras, agua que no has de beber déjala correr

José Jiménez Añeñe 😄

Sugey Gomez Déniz Ay cuanto sabiondo jejejee. Yo no me se ni uno!!

Zadokato Mekarinkufu Mokokiwa Sugey Gomez Déniz hay prima saca una historia de tu chispera!!!

Sugey Gomez Déniz no soy mala para eso ya traigo a el alemán por un lado jajajjaa

Zadokato Mekarinkufu Mokokiwa Ya me imagino jajaja

Any Verduzco Arechiga Sugey Gomez Déniz 😄😆

Zadokato Mekarinkufu Mokokiwa Como decía el difunto barajitas.... cuando iban a comprarle un peso de queso, por un peso te lo enseño... sería verdad no lo sé!!!

Chuy Y Kon Zentido Norteño El que temprano se moja tiempo tiene dé secarse

Alicia Velasco Déniz Andando mi cuerpo caliente aunque se ría la gente

Cristian Amezcua El que por su gusto es buey hasta la collunda lanbe

Lola Ramírez El que nace para maceta no pasa de corredor

Ernesto Jiménez Cipres Hay te va cocho De por si la muchacha pedorra y le das frijoles

Alma Angélica Rodríguez Hinojosa Ojos que no ven corazón que no siente pero siempre hay un chismoso que te lo cuente.

Sandy Ara Velasco El que con niños duerme miado amanece

Sandy Ara Velasco El niño es risueño y tú haciéndole cosquillas

Primaveras Siempre "El que nace p'a tamal del cielo le caen las hojas."

Daniel Déniz Pa que se pudiera ,dijo Barajitas.

José Kamey Ibáñez Decía mi abuelito Carlos Kamey... Si no hay corriente adelante, no hay corriente atrás, pero como atrás es bolsa métale lo que le de la gana, pero si le duele se aguanta.

Tereza Déniz Y cómo dice mi apa " para que tantos brincos estando el piso tan parejo 😁

Daniel Déniz Pero mucho como dijo don Carlos Amezcua.

Nora Violeta Ceballos Hinojosa A chillido de marrano, oído de carnicero.

Raquel Ramírez Como dice Jorge corona echate un marascapache

Raquel Ramírez Como dice mi marido conmigo andarás descalza pero con la panza llena jejeje

Marisela Déniz Arbol que crece torcido no sirve para columpio 😁 el que con niños se acuesta cagado amanece 😁 si el hambre te tunda el orgullo te levanta 😁😁😁

Roberto Zepeda Enfermo que traiga y mea el diablo que se lo crea decía mi Mamá Gaby

José Kamey Ibáñez, Mi papa decía: ¿Y qué comes? Bagres. Y como los agarras, solitos caen.

Norberto Carlos Godoy, Mujeres habian de ser pa mantener a los hombres

David Amezcua Amezcua No por mucho madrugar amanece mas temprano

Any Verduzco Arechiga Dime con quién te juntas y te diré quien eres

Any Verduzco Arechiga El que nace pa tamal del cielo le caen las hojas

Any Verduzco Arechiga Mas vale pájaro en mano que ver un ciento volar

Any Verduzco Arechiga Solamente el que carga el costal sabe lo que lleva a dentro

Any Verduzco Arechiga El que nace pa maceta no sale de corredor

Rosario La Hija Del Mariachi Pirir Cuando el rio truena es porque piedras trae

Teresa Ramírez No hay borracho que trage lumbre!!!!

Any Verduzco Arechiga Ya quisiera andar arando nomas que me falta buey 🐂

José Rodríguez Ell la k a buen árbol se arrima buena sombra lo cobija

José Rodríguez A caballo dado no se le ve colmillo

José Rodríguez Del plato a la boca se caí la sopa

José Rodríguez Más sabe el diablo por viejo k por diablo

José Rodríguez El ríe al último ríe mejor

José Rodríguez Tocayo se me pasa otro. Esta puesta en bandeja de plata

Vidal Barocio Como decia don Cirilo, si quieres llegar a viejo no hagas ronda con cabrones ni te juntes con pendejos

Vidal Barocio El que a buen árbol se arrima buena sombra lo cobija

Vidal Barocio El que es buen gallo en cualquier gallinero canta

José Kamey Ibáñez Y como dice su servidor...Ya ven que bonito estoy... Pues soy mas carajo que bonito.

José Kamey Tambien decia mi vecino Benjamin Aguirre: Joto... Ven pa'ca y aquella cuando se gano una mentada decia: Y fuma el puto.

Carmen Suárez Gileta Entre menos burros más olotes,

José Kamey Ibáñez Y cierro con estos que decía mi tío Carlos, Ya sé que lo soy, para que me lo dicen; y: De que los hay los hay, el trabajo es dar con ellos. No cobro por mi trabajo, cobro por lo que se.

Y aquí les presento a mi Tio Carlos Kamey Solórzano.

Mi tío Carlos Kamey Solórzano.

Mi tío Carlos nació el 14 de abril de 1932 y falleció el 29 de enero de 1998. Fue el hijo número cuatro de mi abuelito Carlos y mi abuelita Chepa.

Tuvo varios empleos antes de ser obrero en la mina de acero. Ayudo a mi abuelito en la Carpintería, ahí perdió un dedo en una sierra, ayudaba a hacer los llamados bancos para que sirvieran de moldes para el piloncillo de caña, sabia de los oficios de su tiempo, albañilería, Inicio sus estudios de primaria en Ciudad Guzmán Jalisco, y continuo su aprendizaje en San José Del Tule, luego en Pihuamo y estudiaba por correspondencia mecánica popular, mas adelante les contare mes de su historia de mecánico. Se caso con Engracia de la Mora, una muchacha muy bonita yo la conocí todavía muy joven, ella es de Pihuamo y su familia muy apreciada y respetada. Sus papas y hermanos dueños de terrenos y ganado, ordeñaban vacas y vendían leche por litros todas las mañanas. Mis tíos ya casados tuvieron una tiendita de abarrotes en Pihuamo en la esquina de Ramón Corona y Prisciliano Sánchez.

Mi tío Carlos Kamey Solórzano y su esposa Engracia de La Mora.

Mis tíos Carlos y Amparo Kamey Solórzano.

Mi tío Carlos también fue bracero eso sí, junto con mi padre José y mi tío Miguel trabajaron en California, en las labores del campo, cultivando y cosechando lechugas, ahí tuvieron otra anécdota, un día uno de mis tíos tuvo un problema con un trabajador problemático, quiso golpear a mi tío, pero mi papa y mi otro tío se le enfrentaron para defender a su hermano, y al parecer el tipo no sabía que eran hermanos hasta en ese momento, y mejor no quiso bronca. Mi padre como dije antes aprendió en Salinas California a injertar árboles de Nogal que son los que dan nueces y de ahí siguió experimentando en el tule con diferentes árboles frutales.

Bueno como les dije anteriormente, mi tío Carlos aprendió mecánica estudiando por correo y practicando. Empezó con autos pequeños, como los Volkswagen y los Renault a finales de los anos 60 y principios de los 70s. De ahí siguió con autos cada vez más grandes, llegando a ser especialista en reparar maquinaria pesada, de la que usan para construir carreteras por lo que llego a viajar por el país para ir a componer esas máquinas. Sus trabajos se destacaron por ser efectivos además le gustaba que quedaran en servicio y limpios que no salieran sucios, no le gustaba se notara que salían de un taller de servicio, era muy cuidadoso y muy curioso a igual que sus demás hermanos, es algo que siempre les inculco mi abuelito.

Rosy, Claudia, mi tía Engracia de La Mora, Laura y Conchita Kamey de la Mora.

Mi tío Carlos cuando se casó entro a trabajar a la mina, de ahí se salió años después y puso la tienda de abarrotes en Pihuamo y su primer taller, también entro en el negocio de ropa y zapatos, llevaba su mercancía a diferentes poblados cercanos y como conocían a muchas familias les daba crédito y pagaban en abonos semanales o catorcenales, así pues iba cada domingo al tule y de ahí a la Plomosa, el Casaco, y al poblado del 21 de noviembre donde tenía amistad con la familia Sosa, Don Ricardo y Don Roberto, y la familia Mendoza de Don Magdaleno quienes lo apreciaban mucho a él y a toda la familia a Kamey. Años después se fue a Colima, donde puso un taller de mecánica ayudando a sus hijos a que estudiaran logrando titularse mi primo Carlos de Doctor, Gabriel de Arquitecto, Toño fue buen mecánico, (QEPD) murió en un accidente de trabajo. Mi prima conchita sé recibió de Contadora. Mis tíos Carlos y Engracia tuvieron varios hijos. Los más grandes son Carlos y Toño, les sigue Conchita, Gabriel, Kizutaro, Claudia, Anakemi, Rosa, y Akiyuki.

ANÉCDOTA

Una vez, mi papá me mando a Pihuamo a la casa de mi tío Carlos, yo tenía unos 10 años, y mis tíos vivían en ese tiempo a un lado del cuartel militar que había en Pihuamo y el cual duro ahí muchos años. Y bien estando ahí ese día en Pihuamo, yo esperaba a mi tío Carlos que andaba fuera del pueblo y no llegaba, así se hizo tarde, llegando mi tío ya casi de noche, y mis tíos me dijeron que me quedara a pasar la noche ahí en su casa que ahí durmiera y que al día siguiente me fuera al tule cosa que acepte. Y después de cenar, mi tía me mostró una cama y me dijo que me quitara la ropa para dormir, yo me quede serio y no sabía que decir, por lo que al final le dije que me daba vergüenza pues no llevaba calzones abajo, o sea, ropa interior, y ella me regalo unas trusas de mi primo Carlos para que me las pusiera. Ahí comprendí que en mi casa carecíamos de muchas cosas y esa era tan solo una de ellas: no teníamos ni calzones.

Mi tío era muy atento, cuando lo visitaba en Colima en su taller, siempre preguntaba que que hacía falta en la casa, y aunque le dijéramos que nada, el siempre mandaba algo a mi papa, ya fuera un kilo de carne o un poco de dinero, nunca fue envidioso ni avaro, no se interesaba en conseguir algo bueno para el sin antes pensar en algo bueno para los demás.

Dio servicio a empresas grandes como Tracsa, y Ford, así como trabajos a particulares.

Su ultimo taller de mecánica lo tuvo en La Colonia La Albarrada en Colima, a donde lo visitaban mi tía Amparo y mi mama. El de vez en cuando iba al Tule también a visitarnos, aunque fuera de rapidito pues a veces andaba haciendo algún trabajo por esos rumbos.

Cuando falleció el 29 de enero de 1998 muchos amigos y gente que conoció durante su trabajo de mecánico expreso sus condolencias y contaban de sus excelentes reparaciones y atenciones.

Mi tío Miguel Kamey Solórzano.

Mi tío Miguel Kamey Solórzano, desde muy joven empezó a trabajar.

Jugo futbol, y era considerado un buen jugador. Fue bracero a mediados de los años cincuenta y principios de los años sesenta, junto con mi papá y mi tío Carlos. Los tres estuvieron en tierras de California, trabajando en cultivos de lechugas, mi tío Miguel se casó con mi tía Esperanza Chávez.

Mi tío Miguel trabajo desde principios de la década de los sesentas en la empresa minera que laboraba en Pihuamo. Pronto fue empleado de confianza, trabajo en peletizadora de Alzada Colima, de la misma empresa minera. Apoyo a mis abuelitos a quienes cada semana o cada dos semanas visitaba llevándoles despensas de comida y dinero, igualmente lo hacia mi tío Carlos. Mi tío Miguel en su juventud y ya casado, le gustaba jugar billar especialmente la carambola donde era muy respetado por ser muy bueno, y donde jugaba apuestas en el billar sea jugando carambolas llamadas de tres bandas, o el juego de pool, y también jugaba domino en parejas. También mi papa tenía lo suyo para los juegos, pero mi tío Miguel era de verdad bueno, y le gustaba echarse sus cervezas bien heladas o cubas de brandy o tequila con Squirt, sal limón y agua mineral, Ajuara, y platicar alegremente con los amigos y comer las botanas que le ofrecían los dueños de los bares llamados cantinas o bataneros. buen trabajador y con el apoyo de mi tía Esperanza, lograron que sus hijos se graduaran:

Foto: Mi hermana Hortensia, mi tía Esperanza Chávez, servidor José, mi tío Miguel Kamey Solórzano y mi hermana Lourdes Kamey Ibáñez.

Ana Bertha estudio administración Empresarial y trabaja en luna institución de ahorro y está a cargo de acompañar a mis tíos en Pihuamo, y tiene un hijo Oscar que ya la convirtió en abuela. Álvaro es ingeniero civil casado con hijos y nietos, y trabaja por diferentes estados de México, Es alegre y muy luchista, ha logrado construir una buena casa en Colima que el mismo a diseñado a su estilo, donde hace fiestas en la terraza e invita a todos sus familiares, yo he estado presente en varias de ellas como el cumpleaños de su hija Karla Kamey Ceballos, su fiesta soñada de quinceañera que fueron dos días festejando, conviviendo con muchos parientes y amistades. Karla actualmente casada vive en Fresno y la visito, tiene dos hijos Ike y Yekeni.

Foto: Karla Kamey nieta de mi tío Miguel e Hija de Álvaro. Además, su esposo Marcial Silva, sus hijos Iker y Yekeni.

Así mismo Pepe y Alejandro son ingenieros civiles y trabajan en la capital mexicana, Amparito es Ama de casa y está casada con un hombre de negocios a quien le ayuda en la contabilidad (Juan Bautista) Miguel radica en Estados Unidos trabajando por el área de la Florida. mi tío miguel después de muchos años trabajando, ahora esta merecidamente pensionado.

Los hijos de mi tío Miguel le han hecho grandes fiestas para festejarlo, junto con mi tía Esperanza Chávez, con mariachis, bandas, y comidas que son un alago al paladar donde no ha faltado el vino y la cerveza que ameritan en la ocasión, y los han llevado a pasear por diferentes ciudades y a Estados Unidos demostrándoles su cariño.

Un gran tío, a mi me toco la bendición de ser unos de sus consentidos, un cariño reciproco, y muchas veces convivimos y nos paseamos por algunas fiestas juntos, por ejemplo en las fiestas de Tepames Colima " La Gran Fiesta a San Miguel", y en las "Fiestas Guadalupanas" en Tecalitlán Jalisco y no se diga de las corridas de toros en Pihuamo, algunas veces con el mariachi tocándonos y yo cantando, y lo mejor cuando en su casa comiamos juntos con mi tía Esperanza Chávez quien es muy buena tía, gran anfitriona, muy amable y excelente cocinera, Una linda pareja a quien desde el fondo de mi corazón aprecio mucho.

Mi tío Miguel Kamey paso a mejor vida el día 1 de junio 2019. Sus buenos recuerdos los llevare en el alma.

Su servidor José Kamey Ibáñez, quien escribe estas páginas, nació el 10 de octubre de 1957. Mi padre fue José Kamey Solórzano.

Recuerdo que mi papa tomaba café, con alcohol de caña todas las noches; Tenía una botellita de dos decilitros y medio (Un cuarto de litro.) donde le ponían el alcohol que compraba en las tiendas del Tule, ya fuera con Alfredo Aldama, Don José Barajas, Manuel Verduzco, o con Chepa la Chaparrita, quien vendía desde golosinas, hasta un poco de abarrotes. Todas las noches se tomaba dos tazas de café como con un medio decilitro de alcohol.

Ahí, cantaba sentado al lado de la mesa, contaba anécdotas, de cuando fue bracero, chistes, y cosas chuscas que sucedían en el día donde él andaba, era de buen humor y dicharachero.

En las mañanas bebía café hervido fuerte y sin alcohol, al medio día Coca Cola, y cuando tomaba agua le ponía unas gotas de limón y media cucharadita de azúcar.

Yo empiezo a recordar mis vivencias por las anécdotas, por ejemplo recuerdo que mis abuelitos vivían a un costado del templo a dos casas de donde vivía mi tía Concha y su esposo mi tío Ramón Toro, enseguida de la casa de doña Gabina, y recuerdo que mi hermano Marco Antonio traía una naranja que le había dado mi abuelita Chepa, y le estaba pelando para darme un pedazo, estábamos en un patio atrás de la iglesia, pero mi hermano estaba muy lento, y yo estaba desesperado y ya quería mi pedazo de naranja, aunque como yo estaba muy chico entre cuatro y cinco años de edad, y no distinguía bien los nombres de la fruta, y yo le decía "Maco ame lima." En vez de "Marco dame naranja" y mi hermano seguía, pelando la naranja lentamente, hasta que me enoje y le grite "Maco ame lima no tas oyeno." esto dije en vez de decir!! ¡¡Marco dame lima no estás oyendo!!

Como decía esto sucedió atrás de la iglesia en el patio donde después aprendería a leer y escribir, con "Chayo López" ella era una señora que tenía un hijo se llamaba Fernando, que tenía problemas para hablar, decía que tenía frenillo.

Desde pequeño observe un gran cariño dentro de mi familia que fue numerosa 14 entre hermanos y hermanas, nueve varones y 5 mujeres. Se murieron dos siendo muy chicos, además de un aborto no intencional. Refugio, "Cuco" era menor que yo como año y medio; Cuco era muy delgadito, a lo mejor tenía desnutrición. Murió como de cuatro años. Yo recuerdo como un sueño que jugué junto con él, en el patio de la casa hecha de tejamanil (pequeñas tablitas de madera burda sin pulir)

Y también murió Francisco (Quico) a tan solo días de haber nacido. Quico nació en la ciudad de Colima y dicen que nació muy débil, ahí mismo falleció como a las dos semanas de haber nacido. Yo tenía como siete años. Mi padre trabajaba en ese tiempo en la Hacienda La Albarrada produciendo piloncillo.

Hoy en día La Albarrada es una colonia ya completamente poblada pero en ese tiempo eran huertas de mangos y mangas, de diferentes variedades muy dulces y sabrosos, además de frutas llamadas chicos, mameyes, almendras, yacas, zapotes prietos, nances, palmeras, limas, mandarinas, naranjas, guamúchiles agarrosos, limones, cañas, y mucho zacate o pasto para las vacas llamado guinea.

Había brechas anchas por casi todos los potreros por donde transitaban camiones la mayoría viejos y golpeados, cargados con cañas y frutas. Eso es lo que yo recuerdo que mire en ese tiempo de 1962 a 1965. Mi papá trabajaba en el trapiche que viene siendo la pequeña fábrica de piloncillo hecho del jugo de la caña, la cual se pone en los llamados molinos Ahora con fuerza de motor de gasolina o electricidad. Se le extrae el jugo que llega a un depósito llamado pila y cuando este se llena se pasa a otro depósito llamado caldera y es donde se cocina a fuego lento y se le saca la basura de las cañas llamada borra y que es como la gordura como cuando se cocina el caldo de res. Es como esa nata que se forma en la superficie de una olla de caldo de res o de pollo.

Molino viejo, este trabajaba con Diésel, del trapiche de Daniel Peregrino.

Bueno, de ahí de esa borra se hace la cachaza que es un dulce más blando y de color verde negro, y es bueno con atole blanco sin endulzar y se come a mordiscos y saboreándolo con el atole.

El piloncillo cuando toma un punto medio de cocido, el jugo de la caña se pasa a un cazo y se sigue cocinando hasta que esta lista para endurecer. Entonces se ponen en moldes los llamados bancos, estos son de un árbol llamado palo blanco; su madera es dura, resistente a los golpes, los cuales primero se rociaban con agua, luego se les ponía el piloncillo llamado también panocha, y cuando seca, que es tan solo en unos minutos, entonces a base de golpear sobre una viga de madera se sueltan y caían a una canasta echa de carrizo de ahí pasaba a un cernidor y del cernidor a llenar los sacos o costales, que van a venderse para delicia del público que les gusta este producto.

Hay todavía muchos trapiches en la región, como dije anteriormente, antes los molinos eran a base de darles vueltas gracias a la fuerza de bueyes, caballos, mulas y hasta burros. Con estos trabajos dichos animales eran bien mansos desde las tres o cuatro de la madrugada hasta las siete de la tarde, eran jornadas duras y largas diarias, y a las bestias se les turnaban para que resistieran el arduo trabajo, eso sí quiero recalcar que se les alimentaba muy bien.

Recuerdo de la Albarrada algunas cosas, y anécdotas como esta:

La casa estaba al pasar la primer huerta de la orilla de Colima en ese entonces; Y estando saltando y echando maromas entre el zacate afuera de la casa, en una maroma pegue con la rodilla derecha sobre un vaso de cristal que ya estaba quebrado y tenía los bordes como con picos y por supuesto que muy filosos, lo que me causo tremenda herida en toda la rodilla, que mi mama se encargó de curar a base de limpiarme con agua oxigenada y alcohol, algodones y gasas, mi mama con sus cuidados se encargó de verme sanar pues era fácil de abrirse porque era en una parte que se movía y creo que hasta me entablillo alguna vez y hasta la fecha tengo la cicatriz para recordarme de la estancia en la Albarrada.

También vivimos en otra casa hecha de palapas y vigas de palma a un lado de una brecha, cerca del mencionado trapiche; ahí llegaba agua a través de un canal de riego, y a veces era agua apestosa tal vez era desechada de fábricas, porque iba hasta con gusanos, y había peces que olían muy mal. Esa agua la usaban para regar las cañas y para las vacas, y de esa misma agua lavaban la ropa.

En Colima radicamos unos meses en un barrio que le decían El Mezcalito. Ahí fue donde nació mi hermanito Quico el que murió a los pocos días de nacido.

Por cierto ahí tuve otra anécdota. Sucedió que mi hermano Héctor cuatro años mayor que yo tenía un patín del diablo. Era como los que hay ahora solo que sin motor y era empujado con el pie, (un pie sobre el patín y el otro empujándolo y ya encarrerado se podían subir los dos pies al patín.

Y bueno, un día que estaba mi hermano Héctor con su patín, yo le seguí pidiéndole que me lo prestara, pero él corrió calle abajo y no lo pude alcanzar, entonces yo empecé a llorar, en eso paso una camioneta de la policía con varios oficiales y al verme llorar me preguntaron que si yo estaba perdido, yo de escasos años no sabía que significaba esa palabra y les dije que sí, y me preguntaron donde trabajaba mi papá yo les dije que en el trapiche en la Albarrada y me llevaron en la camioneta adonde estaba mi Papa. Yo les fui enseñando el camino como llegar. Mi papa les agradeció y les dio algo, creo que piloncillo, y le mando avisar a mi mama que no se preocupara por mí que yo estaba con mi papa; mi mama ni siquiera había notado mi ausencia todavía.

Yo me quede ese día con mi papa y a la hora de comer me sirvieron en un pequeño molcajete, de la comida que compartían entre todos los trabajadores, recuerdo que a uno le decían, el 'Guácharo' que a cualquier platica de antojitos, como pan, galletas, camotes cocidos o tatemados, etc. decía: pa' con leche. Por lo que se queda la frase grabada entre todos sus compañeros quienes decían, "pa' con leche dijo el 'Guácharo.'"

Por cierto, el patín de mi hermano Héctor se lo robaron, así sucede en las ciudades pasan muchos robos, y mi hermano se quedó sin su patín del diablo.

Después nos fuimos a vivir a una cabaña cerca del trapiche de la Albarrada. Era de palapas y cuando llovía con borrasca se mojaba por todos lados y parecía que la casa se la iba llevar el viento, pero terminaba de llover y todo volvía a la normalidad sin que nos sucediera nada malo.

En la Albarrada recuerdo una temporada en que mi papa sembró jitomate, del llamado colimote, que es una clase de jitomate costillon de sabor un poco ácido y muy sabroso para las tostadas de pata o lomo de puerco y también llamado relumbroso. Se le pego bonita y muy productiva la cosecha. Mi hermano Marco Antonio que es el mayor de la familia llevaba los jitomates en unas canastillas cargadas en un caballo a entregar y vender en el mercado Constitución de Colima y que estaba más cerca de la Albarrada. Un día mi hermano Marcos me llevo con él y me compro un chocomil, hum, me supo sabroso, exquisito, que todavía no se me olvida.

Por cierto en ese caballo sucedió una anécdota. Un día le montaron mis hermanas Lourdes, Hortensia, y Marcos y mi hermano Héctor se escondió en una barda que tenía el trapiche y cuando el caballo se acercaba ahí, Héctor le grito y espanto al caballo tumbando a todos, lo bueno que no se golpearon mucho al caer, pues cayeron sobre el tendido de gabazo, que había tirado para asolearlo y usarlo para atizar el horno de la caldera de piloncillo, pero mi hermano Héctor no se salvó de la reprimenda por parte de mi Papa.

Mi hermano Marco también entregaba leche que ordeñaban de unas vacas pintas clase holandesa que mi abuelito Carlos había comprado, y las alimentaban con pasto llamado guinea que había en las orillas del callejón, además de darles polvillo de maíz que mezclaban con agua. Esas vacas eran como unas diez yo no recuerdo bien cuantas eran exactamente, pero eran muy buenas para producir leche, las ordeñaban dos veces por día, y eran muy mansas. A los pocos meses se las llevaron al Tule al rancho que compro a medias en ese tiempo junto con mi tío Daniel el esposo de mi tía Amparo, el rancho como a dos kilómetros del Tule a bordo de carretera, entre el Tule y Pihuamo llamado Rancho la Paz. Hasta ahí... trasladaron las vacas, pero mi tío no tenía experiencia en esa clase de ganado, y eran vacas más delicadas que las que había en la región y se murieron varias. Al último solo quedaba una le decían la florecita, y se la habían prometido a mi papá por la ayuda que le daba a mi abuelito trabajando con él, pero se la robaron. Encontraron solo el cuero en una pequeña presa cerca del rancho, la habían matado y destazado, así fue como se acabaron las vacas pintas.

Aquí hago un paréntesis y les comparto que mi hermano Marco Antonio falleció en septiembre 2017 en Guadalajara Jalisco a causas de problemas renales, Descanse en Paz el mayor de mis hermanos.

1-Cesar Kamey Najar, 2-Dolores Najar de Kamey,3- Hiroito Kamey Najar y 4- Marco Antonio Kamey Ibáñez.

Continuación mis abuelitos…

Mis abuelitos regresaron al Tule y vivieron en el rancho que compraron a junto con mi tío Daniel, ahí vivieron varios años. En la casa había una lámpara de gas que alumbraba muy bonito; ahí lo visitaban muchas amistades, como don Jesús Castro de Atenquique, Jalisco que le decían El Forestal y su esposa doña Micailita. Tenían varios hijos, hombres y mujeres, uno de ellos cuando era todavía muy chico, un día mato a pisoteadas a muchos pollitos para divertirse, y su papá le dio unos cintarazos por esa cruel travesura.

Mi abuelito también se dedicó a la cría de puercos de engorda, así como de gallinas y pollos, los cuales criaba gordos y bonitos, las gallinas llamadas rojas y petacones ponían huevos extragrandes y hasta de doble yema y eran de tres a cuatro kilos cada una. Vendía gallinas, pollos y huevos en el Tule y en Pihuamo. Con el tiempo compro como 50 chivas a las cuales ordeñaba por las mañanas y por las tardes, sin descuidar la carpintería donde hacia muebles finos y de lindos detalles o acabados, los cuales pulía muy bien y barnizaba para luego venderlos, ahí en la carpintería yo me entretenía muchas veces jugando con la viruta, y el aserrín cuando iba para ayudar llevándoles agua del río en un caballo para lo que se ocupara y hacia reglas que me servían para hacer mis tareas de la escuela primaria.

Después de la Albarrada nos regresamos al Tule. Yo empecé a ir a la escuela a segundo año de primaria y saliendo de clases, cuando tenía dinero compraba una naranja con chile y sal con un señor gordo que ponía su puesto en el suelo, con naranjas, mangos, pepinos y jícamas. Las vendía desde a diez centavos, o si no me compraba una tostada de chile de uña, que era tomates de cáscara cortados finamente con algo de chile y limón, que yo creo salía con mucha hambre porque me sabían a cielo.

La Alcantarilla.

A corta distancia del poblado del Tule esta una barranquilla con un jagüey esto viene siendo un pequeño arroyito que se forma cuando llueve pues concentra agua de varios cerros o lomas que convergen a ese sitio y termina en los arroyos o ríos.

Bien en esa barranquilla hicieron un puente de ladrillos rojos en forma de tubo como de unos 6 metros de largo y unos tres metros de alto está pegado al piso de piedra que es de color oscura casi de color azul, ahí le llamamos la alcantarilla y al terminar ese túnel se forma un tanque de unos tres metros de profundidad y como de unos diez a quince metros de largo por unos seis o siete metros de ancho, y en ese sitio en tiempos de lluvias íbamos a bañarnos muchos niños y algunos muchachos adolescentes. En ese tiempo no había malicia en nadie ni en chicos ni en adolescentes y todos nos bañábamos desnudos, alegres pasábamos grandes ratos nadando en el agua color medianamente azul a la que le dicen agua zarca.

La Barranquilla del Chorrito.

El Arco del canal, en El Chorrito, este canal abastecía de agua al Tule desde cerca de la comunidad de la Mesa. Queda ahí como testigo del descuido para mantenerlo y seguir abasteciendo al poblado del Tule.

No podía dejar de mencionar una pequeña cascada de unos tres o cuatro metros de alto que esta por la misma barranquilla, pero como a unos trescientos metros corriente arriba de la alcantarilla, ahí le decimos el chorrito. Ahí pasa cerca el canal que también proveía de agua al Tule y que se aterro (Se lleno de tierra.) Ahí está un arco hecho de ladrillos y piedras que sirve de camino para los que pasamos a pie por ahí y también ahí nos bañábamos y nos resbalamos sentados en la corriente de agua que corre sobre una piedra lisa por unos veinte metros y nos paramos o sentamos en la cascada o chorro de agua y hasta nos escondemos atrás de la cascada porque hace un hueco donde no cae el chorro de agua y ahí nos podemos sentar, y para nosotros es divertido, además de haber cerca de ahí árboles de guayabas que en la temporada de lluvias se llenan de esa agradable y olorosa fruta. Como esta al pie de los cerros hay también mariposas de diferentes colores, además crecen flores de Santa María, Cempasúchil, Volantines, Tacotillos, Orquídeas a las que llamamos lirios, estas crecen en las ramas de los árboles, y florean de color violeta de verdad que son muy hermosas. Además, los pajarillos vuelan y cantan cerca de nosotros, desde pericos, sititos, mulatos, canarios rojos, jilgueros, palomas, torcacitas, calandrias, chuparrosas, urracas, y muchos más. De verdad en tiempos del temporal de lluvias hay mucho para divertirnos y mucho que ver y admirar de la naturaleza.

El Salto es una cascada, de unos diez metros de alto más o menos, está a la entrada de la Barranca, en tiempo de lluvias no necesita recomendación para ir a visitarla, pues por si sola se recomienda por su gran belleza. Se llega a ella caminando ya sea por el canal antiguo hecho de ladrillo que abastece de agua el poblado del Tule y Pozo Santo, camina uno sobre la barda del canal, o si no quiere ir por el canal, entonces puede tomar por el camino real viejo, aunque tiene algunas cuestas y es más largo para llegar lo lleva a uno al Salto, y esta como a unos dos kilómetros del Tule, El Salto es una cascada que cae sobre una gran roca mayormente lisa de color azul y tenuemente verde aunque no es grande ni famosa, es muy bonita y muchos son los que vamos a visitarla en familia y tomarnos fotos, algunas veces llevamos comida, como tacos, ceviche, tostadas de chile de uña, y refrescos y ahí comemos a la sombra de los árboles sentados en esa gran Piedra casi pareja del Salto entre el ruido del agua, del canto de los pajarillos, y el ruido de los árboles al mecerse con el viento.

Ahora regreso al tema familiar. Después en casa de mis padres empecé a ayudar yendo a la leña, pues en ese tiempo no había estufa de gas como ahora, ni teníamos electricidad en casa. (Ahora si tenemos estufa de gas, y electricidad para toda la casa.) Y bueno toda la población necesitaba leña, para cocinar, pues todo se cocinaba en fogones de leña y teníamos que ir lejos a buscarla pues cerca del poblado ya no había. Las casas se alumbraban por las noches con lámparas de gas o petróleo. Yo de buen modo iba por leña, pues por todas las montañas había aparte de leña, diferentes frutas silvestres, ciruelas, rojas y amarillas, dulces y ácidas, chupalcojotes, nances dulces y ácidos grandes y chicos, cuhiles, arrayanes y guayabillas, piñas agrias, chocohuixtles, guayabas dulces y ácidas de diferentes colores, torolonches, sietecolores, guamúchiles, naranjas limas, limas chichonas, limones, mangos de diferentes variedades, míngueles, pitahayas, tunas blancas y rojas ácidas y dulces de guía de tasajo, agüilotes, huizilacates, guajes, anonas, zarzamoras, tejocotes, duraznos, nueces de castilla duras como para tirar pedradas, zapotillos, café moho, chicozapotes, parotas, aguacates limones, etcétera. Sin contar en la temporada de lluvias, que había tacuachines, camotes del cerro, azafrán y ajengibre, para darle sabor a las comidas.

Las Parotas - Según la época, yo aprovechaba para deleitarme con todas las frutas silvestres que tanto me gustaban y llevar de lo que el campo nos daba según la temporada y así llevaba el tercio de leña, a la casa. Ahí me sucedió otra anécdota: Un día fuimos a la leña; íbamos varios amigos y mi hermano Jerman que es menor que yo casi cuatro años, y vi un gran árbol de parotas lleno de ellas y yo corte mi tercio de leña y también corte una bolsa de parotas...

Anécdota el Covid-19:

A principios del año 2020 empezó en el mundo una pandemia llamada Coronavirus. Y ha durado más un año costando millones de contagiados y centenares de miles de muertes por su causa. Durante este tiempo ya es más de un año, se nos ha obligado a usar una mascarilla que cubre boca y nariz para tratar de evitar ser contagiados. Las pruebas de examen para detectarlo son a través de una muestra tomada de uno de los poros de la nariz y aparte que duelen un poco dejan una raspada en su interior que molesta por varios días.

Las vacunas en Los Estados Unidos U.S.A. Se empezaron a aplicar con más eficacia en la administración del Presidente Joe Biden que a diferencia de su antecesor Donald Trump quien quería que se aplicara a la población haciendo fila en los estadios y así se duraría varios años en ser aplicada a la mayoría estadounidense, el gobierno de Biden se le ocurrió una gran idea y utilizo desde clínicas de salud, farmacias, escuelas, centros comunitarios, supermercados y muchos lugares más. Esta idea resulto en un gran éxito y al punto de escribir estas letras ya se empieza a liberar a la población del uso del cubre bocas y nariz.

Bien a mí me vacunaron con las dos dosis requeridas de la farmacéutica Pfizer siendo esta una de las que se dice causaron mejor confianza en la población, y así con mi tarjeta de prueba de mis dos vacunas salí de California a visitar mi familia en México. Durante la ida del viaje no me pidieron la prueba ni constancia de mi tarjeta de vacunación. Al querer regresar se me requirió volver a hacerme la prueba del Covid-19 en Guadalajara Jalisco, yo ya estaba algo limitado en el tiempo para abordar mi avión de regreso a California y después de alegar un poco con un empleado de la aerolínea por su falta de avisos o información de los requerimientos que por cierto costo 25,00 dólares, en otras clínicas cobraban $100 pesos, pero no aceptan de otras clínicas o laboratorios la prueba, me hice el examen, que gracias a Dios salió negativo, pero me quede pensando…¿Cuantos millones de personas han pagado pues ocupan viajar, y cuantos millones se lleva el gobierno?. Sin duda que son muchos millones, lástima que siguen echándose a la bolsa los dineros que le pertenecen al pueblo para sus mejoras y desarrollo. Aparte de que mi prueba salió negativa, a escasos cinco minutos antes de que mi vuelo despegara pude al fin abordar el avión. Llegué a Fresno y de ahí volé al día siguiente hacia Washington DC. Para asistir a felicitar a mi hija que se graduó de Doctora el Leyes en La Universidad de Washington, en este viaje no me solicitaron ni la prueba ni la tarjeta de constancia de las vacunas. Así es el sistema, un país tiene unas normas y otro país tiene otras.

Rondalla de la Universidad de Colima En La Universidad Estatal de California de Fresno California. Fotos:1. Cristian Benjamin Guzman Bautista, Alfredo Vázquez Nava, 3, Jose Kamey 4. Director Hector Zamudio, 5-Jaime Puente, 6-Hector Francisco Cárdenas, Atrás de Francisco 7-Roberto Mendoza Ceballos 8-Roberto Tintos 9-Julio Cesar Flores Gaspar Arving Tintos, una de las asistentes coordinadoras y de camisa blanca Raul Z. Moreno Coordinador del programa y 10 - Oswaldo Carrillo.

Rondalla de La Universidad de Colima en una de sus varias presentaciones en Univisión Canal 21 de Fresno California.

Y quería llevarme las dos cargas al mismo tiempo, no estábamos muy lejos del Tule, y yo creía que el tercio de leña en la cabeza y las parotas colgando sobre un hombro me podría llevar mis dos cargas, pero no fue nada fácil, el tercio estaba algo pesado, y también las parotas total que hasta me enoje mucho con mis compañeros porque no podía llevarme todo, y ellos se fueron y me dejaron solo, incluyendo a Jerman, que llego a casa, dejo el tercio y se regresó a ayudarme con las parotas, yo como pude ya me las había ingeniado y ya iba a mitad de camino llegando a un lugar que le decimos el chorrito, pero lo terco no es tan malo, comimos parotas y llevamos leña.

Anécdota
El Peso, moneda nacional de México.

Aconteció en un tiempo que mi padre iba a la ciudad de Colima y ahí compraba pescado o carne de res a los carniceros y la llevaba al poblado del Tule en botes o latas de hojalata, o en tinas de hojalata galvanizada, a las cuales se les ponía hielo para que no se fuera a echar a perder la mercancía. La llevaba al Tule donde la revendía ganándole unos pesos a cada kilo, yo tenía como unos doce años de edad y le ayudaba a hacer las entregas a domicilio, como a veces no tenían dinero los clientes del Tule y el Poso Santo entonces se les daba a crédito (Fiado como se dice en la región) y el día de raya o día de pago yo pasaba a cobrar la deuda.

Zaguán y todavía esta la vigueta donde se atoro el peso.

En una ocasión un señor me pagó lo que debía con varios pesos plateados de los que traen al frente a Morelos son los que circulaban en los años sesenta, y yo de regreso a casa iba jugando, aventando una moneda al aire a buena altura. Y sucedió que un peso se quedó atorado en la vigueta del zaguán mayor del poblado, por cierto esta vigueta en tiempos de que trabajaba el ingenio, era de donde se agarraban las grandes puertas de madera y era una de las entradas al pueblo, y éste, el zaguán estaba ya unido a una casa de adobe (ladrillos de barro sin quemar) donde vivía don Miguel Ramírez, hombre recio que vendía cargas de leña traída del monte.

Juan Rebolledo Vargas y su esposa Rosario Fermín y en medio de los dos su servidor José Kamey.

Al mirar el peso atorado en la vigueta del zaguán a mí se me ocurrió subir por la barda de la esquina de la casa donde salían algunos bordes de ladrillos, hacia la vigueta del zaguán para recuperar el peso. Sin embargo, al agarrarme de la barda de adobe de la casa de Don Miguel, toda la esquina de la barda de adobe se derrumbó y le dio tremendo susto a la familia que ahí vivía, pensando que estaba temblando, pero al salir y ver que yo había sido el causante le mandaron avisar a mi padre, que me dio unos cintarazos en castigo por lo que había hecho.

Sin desistir a recuperar el peso plateado, después regrese al zaguán y junto con mi amigo y vecino Juan Rebolledo con una soga insistimos en bajar el peso hasta que lo recuperamos; al final de cuentas mi padre me había dicho que me olvidara del peso, pero yo desobedeciéndolo y ayudado por Juan, entre los dos lo bajamos con una soga, y nos lo gastamos jugando en una mesa de futbolito, que era un juego popular de ese tiempo y así me olvide del incidente. ¿Cosas de niños verdad?

Raul Z. Moreno y grupos de apoyo en La Universidad Estatal de Fresno California.

Raul Z. Moreno y su esposa María, Raul después de ser pensionado por su larga labor en La Universidad Estatal de Fresno inicio una fundación sin fines de lucro, se llama Educación y Liderazgo. Education & Leadership Foundation.

Gracias al apoyo de Raul Z. Moreno y de su concuño Juan Lomeli, La Rondalla de La Unievrsidad de Colima estuvo en Fresno y alrededores con su servidor José Kamey como representante.

Otra anécdota.
Mi amigo Juan accidentalmente me hirió el brazo.

Fue algo doloroso, resulta que un día fui a la leña acompañado con mi vecino Juan Rebolledo Vargas, los dos llevábamos guadaña. Llegamos al lugar que le dicen el salto por la zanja, pues cuando es tiempo de lluvias se forma una bonita cascada, y ahí se nos ocurrió jugar carreras y corrimos cerca uno del otro, mi amigo Juan llevaba su guadaña en su mano derecha y yo corría en ese mismo lado junto a él, en cierto momento nos acercamos tanto que sin querer me corto al lado izquierdo de la muñeca izquierda, yo me lave con agua la herida, yo miraba mi piel blanca, y me ayudo a amararme con mi pañuelo, y aun así, llevamos cada quien la carga de leña cada cual a su casa, mi mama me curo con alcohol y un pedazo de gasa que le corto a un pañal de uno de mis hermanos bebes, pues antes no había como hoy en día pañales desechables, antes eran de tela de gasa y estos se lavaban y se reusaban, y así es como me curo mi mama. Esa cicatriz todavía la tengo, y cuando la veo recuerdo con cariño a mi amigo Juan, pues sé que no lo hizo intencional, y tal vez es solo una marca para recordar siempre aquellos tiempos de cuando fuimos niños.

Mis Nietas Amelia, Akira y Yumiko.

Anécdota, El Pantalón quemado y la leña.

Sucedió que un día soleado y mucho calor de los primeros del mes de junio, después de la comida, mi mama me mando a la leña, agarre una soga, una guadaña y un pantalón viejo para ponerlo de almohada y así llevar el tercio de leña en la cabeza, es como lo hacía la mayoría de veces, con algo como almohada, lo acomodaba uno en el tercio de leña, y con tercio en la cabeza llevaba la carga a la casa desde los cerros cercanos para usarla en los fogones de ladrillo bien enjarrados con barro rojo u amarillo y cocinar todas las sabrosas comidas que preparaba mi mama.

Total, me fui hasta un lugar que le decíamos las colmenas pues había cajas de enjambres de abejas productoras de miel, esas colmenas eran de mis parientes apodados los Tallitos, Pedro y Rafael Ramírez Carrillo. La parcela perteneciente a Don Jesús Macías apodado el Molcas, (Perdón, pero en el Tule casi toda la gente tiene apodos.) y en esa parcela había un llamado desmonte, esto es que cortan todo el monte y arbustos y cuando este se seca entonces le prenden fuego y en cuanto llegan las lluvias que son a finales de junio siembran maíz. Ese desmonte pertenecía ese año a Don Ramón Rangel cuñado de Don Jesús Macías.

Bien llegué a ese desmonte y me puse a hacer mi carga de leña, había mucha vegetación seca, yo elegí de guásima y Chalchacahuite pues son buenas para hacer buena lumbre y brazas, pronto termine de hacer mi tercio y como hacia mucha calor me dio sed, entonces deje el tercio ya amarrado a un lado del área del desmonte y me encamine al canal, estaba unos 50 metros debajo de donde yo me encontraba, llegue y tome agua y a la sombra de un árbol frondoso me senté a descansar un poco para tomar energías y así regresar por mi carga de leña para llevarla a casa.

De pronto vi humareda del lado de donde tenía la leña y mire lumbre, y había varios hombres que vigilaban la quemazón, además escuche sus gritos de aviso unos a otros de por donde iban quemando el desmonte. Yo corrí cuesta arriba para ver que había pasado con mi tercio de leña y cuando llegue donde deje mi carga ya amarrada era tarde, ya estaba ardiendo y se había quemado el pantalón y la soga. Yo estaba chiquillo de unos 12 años, y en ese momento me entristecí tanto que me puse a llorar, de los que andaban quemando el desmonte nadie me vio, y debajo de un árbol llamado parota me recosté y me dormí unos minutos. Cuando me desperté me fui caminando a la casa y antes de llegar mire a mi hermano Jerman, entonces lo llame y le pedí que me trajera otra soga y otro pantalón para ir de nuevo a la leña, así lo hizo y yo me regrese de nuevo al cerro donde hice otro tercio de leña y lo lleve a la casa, ese mismo día les platique lo que me había pasado, pero ya pasada mi tristeza me sentí con gusto de haber podido cumplir con mi aportación de leña ese día.

Con mi sobrina Maya, Mayarani mi sobrina chiqueada.

Anécdota.
La Descalabrada.

En otra ocasión en tiempo de guayabillas, (también llamadas arrayanes en otros lugares.) fuimos varios amiguitos a un lugar cerca del poblado de la mesa que esta como a seis o siete kilómetros por el camino real, y Jesús Mora (También le decíamos el severo.) Bien, él se subió a un árbol alto y le movía a las ramas y caían muchas guayabillas, grandes cristalinas y muy dulces, y los que nos quedamos abajo las juntábamos, y nos íbamos a repartir de todas las que reuniéramos, sucedió entonces que al mover las ramas se quebró una rama seca y Chuy grito cuidado, pero ya la rama seca me había dado un fuerte golpe en la cabeza y me descalabro, saliéndome bastante sangre, y el dolor me hizo llorar un poco. Todos se asustaron, y en una Barranquilla que llevaba bastante agua, me lave la herida y poco a poco se fue deteniendo la sangre y me tranquilizo, después nos regresamos caminando al Tule, estaba algo lejos pero de todas maneras llevamos guayabillas, y yo iba con miedo pensé que me iban a regañar pero no fue así, mi mama tomo la botella con alcohol y con un trapito limpio me curo la herida de la cabeza.

Mis trabajos juveniles

Yo trabaje en los trapiches en San José del Tule de "cebador", esto es metiéndole las cañas al molino para exprimirlas y sacarles el jugo, trabaje entre 1977 y 1978. Me gustaba cantar, siempre me ha gustado hacerlo. Y esto como que les caía bien a las bestias y mis compañeros (¿El burro se cuenta al último no?) Y el trabajo se me hacía más placentero, que para mí, en esa edad no era tan pesado ni tan cansado, pues en ese tiempo reía a carcajadas al igual que mis compañeros, no había penas aunque viviera con pobreza; Pues aunque no lo crea es como aquella canción que cantara Pedro Infante que dice: yo conocí la pobreza y allá entre los pobres jamás lloré.

Pero bueno, sigo siendo pobre pero sigo siendo feliz... pero en ese tiempo: Yo cantaba y reía sin importarme la pobreza, al fin de todo había una gran convivencia de familia donde mi papá siempre fue el Rey.

Anécdota.

Cuando recién trabajaba en el trapiche produciendo piloncillo un sábado por la tarde después de recibir la raya, o pago de la semana, llegue a casa con la intención de bañarme y salir a divertirme a algún baile o fiesta que hubiera ese día. Pero como salí cansado de la jornada semanal después de bañarme me acosté para descansar por un momento y me quedé profundamente dormido y desperté varias horas después por lo cual no salí de casa esa vez.

Rafael Larios, su servidor José Kamey y Vicente Larios. 2017.

Anécdota.
Este relato es de casos de misterio.

El Puente.
Escrito por: José

El puente, es una construcción muy particular para los habitantes de San José Del Tule Municipio de Pihuamo Jalisco en México.

Es un puente como de dos metros de ancho y unos treinta metros de largo, que atraviesa el rio que baja de la barranca, y en tiempos de lluvia el agua casi lo desborda. Sus pilares son de ladrillos y piedras, y tiene varios arcos, esta construcción tiene entre 100 y doscientos años de haber sido construido, su piso es de piedras y por ahí pasaban las cargas a lomo de mula, que bajaban de las poblaciones aledañas, y gente que visitaba al poblado. sobre este puente están unos arcos de ladrillo como de 8 a 10 metros de altura y sobre ellos va un canal que lleva agua a los riegos de esa zona.

A los lados del puente hay arboles grandes y viejos y al terminar esta el viejo camino real, que si bien hace muchos años era ancho, ahora es angosto y van desentendiendo de darle buen mantenimiento, siendo este camino el que comunica a las vecindades de la sierra con el pueblo. Pero algo sucede en ese puente...Yo...

Hace años, trabajaba en el trapiche de piloncillo de Don Ramón Larios (Q.e.p.d.) Y una noche caminaba rumbo al sitio de trabajo, y debía de pasar por ese puente, la noche no era muy oscura y yo llevaba una linterna de mano de baterías, faltando unas decenas de metros antes del puente esta una pequeña barranquilla, la cual llevaba poca agua y de ahí se toma un camino angosto y cubierto por arboles altos y frondosos. En cuanto empecé a caminar pasando la barranquilla, apenas a unos cinco metros, escuché el ruido de una piedra mediana caer adelante de mí, pero no vi nada. Camine otros pasos cuando escuche otra piedra caer, también adelante de mí. con la linterna encendida busque a los lados por unos momentos, pero no logre ver a nadie. Camine y empecé a atravesar el rio por el puente, al llegar a medio puente sentí un viento helado y extraño, pues era tiempo en que hace calor; No me jacto de ser valiente, pero tampoco me asusta cualquier cosa, cuando llegue a la otra orilla del puente, sentí el calor normal de la noche, me aventure a regresar un poco y llegando de nuevo a medio puente, o mejor dicho del rio, y volví a sentir ese viento helado. Me daba la sensación de ser observado por alguien, pero aun con mi linterna no miraba a nadie, de pronto mire a un señor sobre un caballo, y me miraba angustiado desde la orilla del puente, bajo un árbol de Huizilacate, sobre su cuello tenía una soga, escuche claramente gritos de angustia y luego por unos momentos lo vi tambaleándose en la rama y el caballo corrió rumbo al rio, luego todo desapareció, el caballo y la visión del ahorcado. Yo entonces recordé que una tía mía me había dicho, que si era anima y la insultas estas inmediatamente se van, ¡¡pues ya están juzgadas de Dios...!! Así que lance un fuerte insulto. Luego todo quedo en silencio, y el aire se sintió tibio y suave. Yo camine hacia el trapiche, donde al día siguiente lo y me platicaron que en esa parte pasaban cosas extrañas. Una de las muchachas sugirió levantarme la mollera y apretarme la cabeza, que es un remedio casero para los sustos, lo cual una de ellas lo hiso. Yo, a los pocos días volví a pasar por ese puente y volteé a ver la rama donde me pareció ver colgado a un hombre y vi entre su tronco alto una cruz en el árbol. La Cruz es muchas veces la señal de que ahí murió alguien...Yo me sigo preguntando: Acaso vi cómo fue la ejecución de ese hombre. ¿Usted qué Opina?

La Leyenda del Perro Negro.
Escrita Por José Kamey.

Se cuenta que en la carretera del crucero del Tule por las noches se aparecía un perro negro, que era grande, de ojos brillosos, hocico jadeante y colmillos filosos, grande muy fuerte y ágil.

Esta Historia sucedió en mil novecientos cincuenta y algo.

En una ocasión, iba una troca, y en ella varios muchachos que regresaban de un baile público del poblado de Pihuamo. Varios muchachos iban, al influjo del tequila y otros licores demasiado alegres entre gritos y carcajadas...Sin imaginar lo que experimentarían esa noche, noche oscura y nublada, donde las fuerzas desconocidas andaban sueltas.

Así pues, antes de llegar al crucero del Tule, el chofer de la troca miro...Al Perro Negro...Si, y al calor de las copas, quiso echarle la troca encima y matar al perro negro; Este esquivando la troca, parecía que flotaba y se le desaparecía para volver a aparecerse más adelante, con los ojos y colmillos brillosos, y el chofer de la troca zigzagueaba por la carretera queriendo matar al perro negro mentado, y los muchachos desde arriba le gritaban, ¡¡¡Si, mata al perro maldito!!! Así, sin darse cuenta se pasó la entrada del crucero rumbo al tule, y más adelante en la primer curva rumbo a Tecalitlán, sucedió lo temible... La troca se volcó...Y los gritos de alegría y escándalo se volvieron gritos de angustia y desesperación, el chofer murió en ese accidente, y los muchachos que eran varios, unos quedaron heridos, y otros impactados por haber visto al perro negro, que aparecía y desaparecía y esos ojos y colmillos los veían en pesadillas, y a más de uno llevaron a curar de espanto...Se cuenta que todavía en las noches oscuras, nubladas o lluviosas.. Hay choferes que dicen haber visto un perro negro, como el de mi relato. Usted qué opina.

Mis trabajos en Mendota California.

Servidor José Kamey y mi amigo Antonio Magaña de Santa Clara Michoacán. En Mendota California en 1979

Yo llegue a Mendota California a inicios de 1979, contratado en Los Ángeles California por Don Alfonso Romero. El Night Club al que llegue a Trabajar se llamaba en ese entonces "Mi Cantina" y se le cambio e Nombre por el de Afro Casino Tropicana, a mi me toco subir al techo y con un cincel le removí las letras, que estaban pegadas en el anuncio, mi trabajo consistiría en presentar los grupos y además de limpiar el local y llenar los refrigeradores así poco después de estar arreglado y pintado por dentro y por fuera el local me toco conocer y presentar los grupos y artistas que ahí se presentaban como le digo en otro párrafo, en Fresno ha habido muchos buenos grupos, y le abre las puertas a otros grupos foráneos e internacionales como: Ray Camacho y su Orquesta, Grupo Cielo Azul de mi amigo Salvador Arteaga (Sacha) y en la batería Raymundo Sandoval, Grupo Cañaveral de Tony López y su éxito Gracias Amor, Álvaro Zermeño, King Clave, Lupita Lomelí quien era en ese tiempo locutora de KGST La Mexicana de Fresno 1600 AM. Y me impulso a entrar a la radio, y ella ahora tiene desde 1989 su programa de televisión (Arriba Valle Central) Despierta Valle Central de la cadena Univisión, además de grupos como El Pueblo de José Luis Quintero, Los Extras, Freddy Falcon y su Tercera Dimensión, El Grupo Tequila con mi amigo Chito y su hermana Maribel Luna, Mr. Alex un gran comediante de Los Ángeles Ca, así como Salito Cortez, las famosas Jilguerillas y Chelo Silva, Rubén Roca y su grupo Primavera, Los Kuates de Juan González, El Grupo Manantial de mi amigo Jesús el Conejo Durón, de donde salieron los grupos Faceta 4, Los Ligeros de Zacatecas, y La Quinta Dinastía donde a mi amigo Santos Almaraz bajista del grupo le decían que yo era parecido a él como si fuéramos hermanos, y así empezamos a decirnos hermanos y llevamos una buena amistad, Grupo Calipso Show y su vocalista Rafel de Tecomán Colima, Grupo Barreno que antes se llamaba Grupo Sol y luego Fiebre de Lujuria ahí conocí a mi amigo José el Chiquilín Hernández quien fue primera voz del Grupo Justicia Norteña con Benjamín Torralba y Víctor Villarreal entre otros integrantes, Amor y Ritmo de mi amigo Ramón Maldonado compositor de muchas canciones como Volveré Por Ti, Los Humildes a quienes conocí en Modesto durante el rodaje de la película El Canto de Los Humildes con Yolanda del Rio y actuación especial del Mariachi Imperial de Pihuamo, Los Ídolos de Mexicali, Beto Salinas y sus Amigos, Pepe Medina y sus grupos Norteños, Víctor Villarreal y su Acordeón texano, Los Apóstoles de Raúl

Rivera, Mariachi Águila de Don Manuel Águila, Mariachi Zapopan de Juan y Jesús Rodríguez, Gil Castellanos y su Orquesta, Martha Del Mar y su Orquesta, Grupo Piel Canela. Me toco presentar El Dueto San Juan que formo (Chuy) Jesús Chávez y su hermano y que después Jesús formo el famoso grupo Los Originales de San Juan, y por una temporada me toco estar presentando al Grupo Los Acuario de México pues donde yo trabajaba se les presto dinero para comprar instrumentos musicales y pagaron con sus presentaciones en el Night Club, además de grupos de Mendota, Firebaugh, Madera, Huron, Delano, Poterville, Modesto, Los Baños etc. había muchos grupos y artistas tanto del valle central de California como de otros lugares cercanos y lejanos que llegaban a las ciudades del valle pues había mucho trabajo y por lo tanto el dinero rolaba y la gente se divertía por lo menos cada fin de semana.

En 1984 fue cuando conocí a Lupita Lomelí en Mendota Ca, en ese tiempo había dos estaciones de Radio En español, la primera desde 1949 KGST 1600 AM. LA MEXICANA Y la segunda unos quince años después KXEX 1550 AM LA DOBLE EQUIS.

Yo presente en ese verano de 1984 una caravana de artistas en Mendota, entre ellos iba Lupita Lomelí y después de cantar me pregunto si yo trabajaba en radio, a lo que le dije que no, y me dijo su gustas yo te invito a que hagas una aplicación donde yo trabajo y me dio su tarjeta de presentación de la radio KGST. Yo invite a un amigo que me ayudaba en los concursos y presentaciones, su nombre Fidel Fausto Gil, y en una cercana oportunidad nos pusimos de acuerdo y fuimos a Fresno para hablar con el Gerente de la radio, Don Benjamín Gutiérrez y mas o menos las cosas se dieron así: Don Benjamín sentado en su escritorio nos invitó a sentarnos frente de él, y me pregunto: ¿Señor Kamey, ha trabajado usted antes en radio? Yo le conteste que no. Entonces se dirigió a Fidel y le hizo la misma pregunta: ¿Señor Fausto, ha trabajado usted antes en radio? Y Fidel contesto que sí, que había trabajado un poco en la ciudad de México, (Algo que después muchos compañeros de la radio criticaban esa respuesta pues se cree que fue mentira.) Pero bueno en ese momento

Don Benjamín Gutiérrez nos dijo que le iba a dar mas prioridad a que Fidel se empapara con la radio para darle turno completo y a mí me dejaría como locutor de parte de tiempo y para cuando se requiriera relevar a algún locutor que por algún motivo no pudiera estar en la cabina de la radio. Así fue como inicie en radio, donde Lupita Lomelí algunas veces me hizo recomendaciones para el trabajo radial, muchas gracias Lupita, ahí estaba de director Daniel Vallejo Zeide, Estelita Vázquez Romo directora de Noticias y programas comunitarios, Juan Lomelí, Francisco Villegas, Héctor Escalera, algunos compañeros entraron un poco después como Guillermina Pérez Tadeo, Sergio Nino González, José Luis González Jimenes, Gil García Padrón, Antonio Rábago quien también cantaba, Francisco Espinoza, Cristina Castellanos, Noe Díaz, Teresa Méndez, artísticamente conocida cantante como Mary Bundy, Daniel Rodríguez, José Luis Sánchez, Rafael Bautista (Alias el Pecas.) y otros anteriores locutores como Guadalupe León Barraza, y Rene Coronado. KGST 1600 AM LA MEXICANA, una estación de radio familiar de música alegre, muy ranchera, pero dando espacio a los grupos y artistas modernos de la época, con programas de comunitarios en entrevistas, noticias, estado del tiempo, complacencias musicales etc. Y muy puntual para pagar, nunca he conocido otra empresa o patrón que sea mas puntual que KGST RADIO LA MEXICANA DE FRESNO.

Anécdota: Del Álbum de Aniversario # 40 KGST.

En 1989 yo estaba trabajando en KGST y se preparaba un disco LP. Del 40 aniversario con grupos y solistas de la Compañía BMG. Valeria Lynch (Muñeca Rota) José José (Salúdamela Mucho) Emmanuel (La Ultima Luna) Chiquitete (Si Yo Encontrara a Alguien) Lucia Méndez (Un Alma En Pena) Claudia de Colombia (La Señora) Jorge (Coque) Muniz (Atrápame y Condéname) Roció Dúrcal (Con Todo y Mi Tristeza) José Augusto (Yo Quiero Ser) y Guadalupe Pineda (Algo Grande)

Estudios de KGST en Clovis California, Shields y Avenida Clovis en 1997.

En ese LP de aniversario en su portada se pusieron las fotos de los locutores que entonces trabajábamos en KGST, y sucedió que en esos días Antonio Rábago inicio un proyecto de radio en FM. La Super Q. y me invito a trabajar con él, me ofreció mejor salario y no lo pensé mucho, me cambie de empresa, en el nuevo proyecto iba Lupita Lomelí, José Luis González Jiménez, Rafael Bautista y después llego Fidel Fausto.

Mientras eso pasaba llego el momento de hacer el LP. Y yo ya me había tomado las fotos en un estudio y ese estudio fotográfico entrego las fotos a la empresa que las debía poner en la portada del disco, entonces al salirme de ese empleo y entre a la otra radiodifuora le dijeron a la empresa que borrara mi nombre y en mi lugar pusiera a Francisco Espinoza, pero sucedió que Francisco Espinoza no entrego sus fotos y en la portada del disco salió mi foto con el nombre de Francisco Espinoza ¿Qué cosas verdad? Después mi amigo Francisco Espinoza decía: Siempre quise verme guapo, pues era moreno y cachetón pero muy buena onda, Yo por mi parte decía: Siempre quise que nombre fuera grande. Así que en el disco está el nombre de Francisco Espinoza y la foto de su servidor José Kamey.

Disco del 30 aniversario KGST 1979

Durante mi estancia en Mendota, conocí a varios contratistas de trabajo del campo. El Flaco Indalecio, Guillen a quien le decían el dueño de Mendota pues tenía muchas propiedades y se daba el lujo de pagar en efectivo diariamente a sus trabajadores, y otros que ya no recuerdo sus nombres, pero entre ellos conocí a Mike Pasos en ese tiempo tenia 10 cuadrillas de 30 a 40 personas trabajando en los campos en diferentes cultivos, betabel, algodón, tomate, chile campana, chile California, cebolla, ajos, melón uva para vino y para pasa y otros cultivos.

Mike Pasos Un día me animo a ir a escribir los nombres de sus cuadrillas y así me inicie trabajando en los campos de los mejores campos de cultivo del mundo.

El trabajo duraba desde la primavera hasta mediados del otoño, (marzo-octubre) y yo trabajaba tanto en Night Club como en el campo, para ver si así juntaba dinero para cuando quisiera ir a Jalisco México a visitar la familia.

Gracias a ese trabajo, pude arreglar mi residencia legal en La Unión Americana en la llamada amnistía de la propuesta Simpson Rodino cuando era Presidente Ronald Reagan en 1985 pues requerían que hubiera trabajado en el campo mínimo 90 días ese año, y yo había trabajado ya varios años en el campo, aunque solo metí la aplicación por la de los 90 días, y gracias a Mike Pasos por darme trabajo, pude legalizar mi situación migratoria, y así poder ir y regresar de México a Estados Unidos sin tener que arriesgar pasar la frontera con pasaporte o de ilegal. Muchas gracias, Mike por tu ayuda y por visitar San José Del Tule y conocer a mi mama y mas familiares.

Mike Pasos y mi mama María de Jesús Ibáñez en San José del Tule en 1988.

Mi Mamá María de Jesús Ibáñez García

Desde que yo era un niño, recuerdo a mi mamá muy sana, no le dolía nada. Piel blanca, delgada, estatura mediana, bonita, limpia, le gustaba cantar, aunque a veces eran solo trozos de canción. Algunas veces, muy pocas, pero la vi morder un pedazo de jarro hecho de barro quemado. Muy temprano se levantaba para ir al molino de nixtamal propiedad de su prima Amelia Tapia Ibáñez, a quien a veces le ayudaba a hacer bolas de la masa que salía del molino. Y es que cobraban la molienda según las bolas de maza que salieran de la cantidad de nixtamal que llevaran a moler para que todos tuviéramos tortillas, que muy a las seis de la mañana o antes, ya se podía oler las recién hechas tortillas y los frijoles fritos, a veces carne asada de tasajo ensartada en un asador de alambre o varilla de hierro, en las brasas del fogón donde torteaba. A decir verdad, no pasamos tantas hambres hubo familias con más escasez que la de nosotros, antes, al contrario, siempre tuvimos de comer y muy sabroso, gracias a mis padres ya que los dos tuvieron siempre una buena sazón al cocinar. Mi mama parecía no cansarse. En ese tiempo desde temprano y hasta noche no paraba de hacer quehacer en el hogar. Ir al molino de nixtamal, hacer tortillas y preparar la comida, bañarnos, darnos de comer, mandarnos a la escuela, lavar ropa, y planchar con las antiguas planchas de hierro, calentadas en las brasas y estas se limpiaban con parafina sobre un pedazo de tela que se miraba color café de quemada de tanto pasarle la plancha y limpiarla para no ensuciar la ropa, además de ponerle muchas veces almidón o un lienzo sobre la prenda para plancharla, especialmente la de mi papá.

A mi mamá le escribí una canción que me grabo mi compañero y amigo Sergio Cazarez (El Sinaloa y Su Plebada) con acompañamiento de banda.

Carta a Mi Madre.
Escrita por su servidor José Kamey Ibáñez.

Poco a poco el diez de mayo, va llegando a recordarme,
Que allá lejos en un pueblo, se quedó sola mi madre,
Es muy linda mi viejita, para mi no hay nadie igual,
Ella siempre por mi reza, aunque yo le pague mal.

Voy a escribirle una carta a mi madre tan querida,
Un abrazo con el alma, para quien me dio la vida,
Algún día mamacita, espero volver a verte,
Para acariciar tus canas y darte un beso en la frente.

(Hablado) Madre, aunque estás lejos de mí,
Te tengo aquí, aquí en mi corazón,
Madre mía nunca me olvides y mándame tu bendición,
Te quiero mucho Mami.

Estoy lejos de mi pueblo, pero siento su cariño,
Eso nunca me ha faltado, desde cuando yo era un niño,
Es muy buena mi viejita y a veces llora por mi,
Quiero volver a sus brazos y que se sienta feliz.

Voy a escribirle una carta a mi madre tan querida,
Un abrazo con el alma, para quien me dio la vida,
Algún día mamacita, espero volver a verte,
Para acariciar tus canas y darte un beso en la frente.

Su servidor en un diez de mayo cantándole a las madres con el Mariachi de Pihuamo. En segundo violinista es mi amigo Adolfo Rosales.

Anécdota.
La leña.

La leña se necesitaba todos los días para cocinar. Desde temprano hasta noche el fogón no dejaba de arder, ya sea calentando el comal, o cocinando, para lo cual yo y mis hermanos teníamos que ir a la leña al cerro, a veces íbamos lejos porque toda la gente necesitaba leña al igual que nosotros por lo que en ese entonces no había leña cercas de la casa, y con una soga en mano, una herramienta llamada guango para trozar los árboles secos y un pantalón viejo o un costalito de tejido algo fino para ponerlo como colchoncito sobre la cabeza y ahí cargar la leña sin que nos lastimara la testa. Así nos íbamos al cerro.

Entonces paso que un día yo fui, pero no encontré nada para poner como colchoncito en la cabeza y aunque no era muy lejos me puse unas ramas de hiedra llamadas bejucos de temporal y cargué el tercio de leña, pero en el camino el colchoncito se aplano demasiado lo cual me empezó a molestar. Sin embargo, yo me aguante hasta llegar a casa llorando de dolor y ni siquiera me podía bajar el tercio de leña. Yo estaba chico y decía tal como lo sentía, porque llorando yo exclamaba: siento culebras en la cabeza. Frase que por muchos años todavía me recuerda mi mama y que yo recuerdo como el tercio me lastimaba la cabeza pero que no deje hasta llegar a casa.

LOS CUHILES.

Hay una fruta silvestre a la que llamamos cuhil. Se dan en unos árboles grandes y frondosos. Su fruto es como una vaina de fríjol, pero más grande dentro de esta vaina tiene unas semillas forradas de una membrana esponjadita muy dulce la cual se chupa, y es muy sabrosa al paladar.

Sucedió que un día fui al cerro, a una parte boscosa donde se da esta fruta. Este árbol estaba en una parte faldeada del cerro llena de árboles diferentes, como a unos diez metros a un lado del canal de agua que abastece al pueblo. Es un canal hecho de ladrillos de cincuenta centímetros más o menos. Y el canal es de un metro de profundidad y tiene una longitud de unos seis kilómetros, y toma el agua del río, de su parte alta.

Y pues íbamos varios compañeros; Entonces yo me subí a un árbol de cuhil y me puse a cortar esta fruta, y a comer, al mismo tiempo que aventaba algunos al suelo para juntarlos después o que los recogieran mis compañeros, ¿pero que creen? De pronto vi entre las ramas no muy lejos de mi una culebra, grande, verde como de dos metros y entonces si pareció que me salieron alas y me deslicé por las puntas de la rama que eran fuertes y correosas. Pero a pesar de todo cedió a mi peso y se quebró por la que yo bajé como de rayo, lo bueno fue que caí entre hojarasca y no me paso nada malo y que la culebra no me siguió, y de la rama que se quebró cortamos bastantes cuhiles e irnos pronto de ahí pues todos les teníamos miedo a las culebras, pues en la región abundan muchas muy venenosas...

*Rafael Zamora Kamey, mi hermano Jerman, mi primo Álvaro Kamey
Chávez, y mi hermano Vicente.*

La caída del caballo.

Esta sucedió con Gil Rebolledo. Él era más grande edad que su servidor uno o dos años, y tenía un caballo brioso el cual montábamos y nos paseábamos en él rumbo a la Barranquilla que durante el tiempo de lluvias visitábamos para bañarnos muchos chamacos, y fue en una de esas ocasiones que Gil subió al caballo y me dijo que, si le quería montar en ancas para ir a bañarnos a la barraquilla, por lo que yo acepte, además iban otros muchachos caminando junto a nosotros. Sin embargo, Juan Manuel Larios a quien le apodábamos el sapo hizo un ademán y le pego un grito al caballo espantándolo y el caballo corrió velozmente y nos tumbó en una curva del camino y esto hizo que al caer Gil se fracturara un brazo, yo afortunadamente salí ileso de este percance, pero vaya que el mentado sapo y su travesura por poco y nos mata.

María, Chela, Edelmira y Gil Rebolledo, Isidro Cachi, Guille, Carlos…

Anécdota.
Otra mano quebrada.
Mi amigo Carlos Rebolledo.

Nos juntábamos varios amigos para ir a cortar leña. La cual llevábamos cargando en la cabeza o en el hombro, en un bulto llamado tercio, el cual consiste en amarrar los leños con una soga, luego le poníamos un pantalón bien doblado para amortiguar la carga y no la resintiera mucho la cabeza o el hombro, y así la llevábamos a las casas de nuestras familias.

Un día se adelantaron un poco de mí. Eran unos cuatro los que íbamos y mientras yo los alcanzaba, Carlos, nieto de don Miguel Ramírez, se subió a un árbol llamado cobano (una especie de caoba) que cuando florea le brotan unas bolas ovaladas parecidas a maracas, y Carlos Rebolledo hermano de Gil era un chico de unos 12 años, se subió a cortar algunas, bolas de semillas de cobano, muy alegre decía que eran maracas. Lo decía en son de juego claro, pero de pronto la rama se quebró y cayó desde como a unos cinco metros de altura, el piso estaba con muchas piedras grandes y el cayo arriba de una de estas y se le quebró la mano derecha; Carlos no quería que lo lleváramos con su familia, tenía miedo que su mama le pegara, pero así renegando lo acompañamos a su casa, y recuerdo que decía: ¡no le digan a mi mama! ¡Mejor díganle a mi abuelito Miguel, pero no le digan a mi mama! Lo que es el miedo a las reprimendas ¿verdad? Y lo que es cariño de los abuelos por sus nietos, así paso y así se los conté.

Mis Nietas Akira Sachi y Christyna Yumiko.

Anécdota
El Río crecido

Sucedió en tiempo de lluvias era un sábado como a las once de la mañana cuando mi papá me mando a amarrar una mula que tenía a la parcela que estaba antes del lugar llamado los pasos. Ahí el río hace una curva y el camino cruza el río dos veces. Del otro lado del río esta una parcela de Don José Barajas y para allá pasaba dos de sus hijos, Nemesio y Rigoberto, a limpiar o escardar la labor con un yuntero que les ayudaba a mariposear los surcos con la yunta. Ellos me invitaron a ayudarles un poco. Era temprano y a mí se me hizo fácil ayudarles un rato; sin embargo, al poco tiempo empezó a llover muy fuerte, yo como pude me puse bajo un árbol, y recordando que era peligroso por los rayos, entonces me metí bajo un arco del canal de riego, cerca de una zona llamada el corral de piedra.

Así se ve el Río cuando llueve.

Mientras llovía Don José Barajas llego a caballo y se llevó a sus hijos y el yuntero se fue aun lloviendo, y yo me quede solo con la mula que debía haber amarrado en la parcela pero que no lo había hecho por ir a ayudar, cuando al paso de unas horas empezó a dejar de llover oí como un estruendo que venía del río, y fue la primer vez que vi como bajaba una creciente fuerte por el río que arrasaba con todo lo que encontraba a sus paso, un agua color canela lodosa, que arrastraba troncos grandes, ramas, culebras, ratas, tlacuaches, etc.

Yo espere un tiempo como de unas dos horas y luego me quise meter montado en la mula en pelo al río crecido pero la mula se resistió y apenas entrando un poco se regresó y no la pude hacer que entrara a pasar el río que llevaba la creciente muy fuerte.

Empezaba a oscurecer y yo seguí intentando cruzar el río y la mula nomás no quería hacerlo, así oscureció y yo esperando a ver si el río debilitaba la fuerza de su agua para poderlo cruzar y llegar a casa.

Eran como las diez de la noche cuando en uno de tantos intentos la mula se atrevió a entrar completamente a la corriente del río el cual nos arrastró corriente abajo y yo nadé por un lado buscando desesperado salir a la otra orilla, mientras tanto y la mula buscaba también salir de la corriente y ponerse a salvo.

Recopilación de mi hermana Hortensia con su esposo e hijo hijo Rafael y familia.

Yo trataba de agarrarme de las ramas de los árboles que hay a un lado del río, pero estas se me escapaban de las manos pues no lograba afianzarme. Luego mire a lo lejos el brillo de un alambre de púas el cual le colgaba ramas de huizaches y le dicen compuerta pero que en realidad sirve como cerca para que los animales no se pasen de una parcela a otra.

Bueno cuando vi ese alambre desde lejos y en la noche me fui apuntando con mis manos para agarrarme de ahí, y con buena suerte lo logre sin lastimarme con sus púas y me fui agarrando de él hasta la orilla donde estaba clavado en un árbol de guayabo y por ahí salí del río. Luego busque la mula. Ésta había salido por el lado que yo había logrado salir, pero como medio kilómetro antes, la agarre y la aseguré amarrándola donde pastara y me fui a casa donde ya mis padres y hermanos me habían buscado desesperadamente sin encontrarme.

En el camino ya casi para llegar al poblado encontré a un señor que se llamaba José Jiménez y él me dijo que en casa me estaban buscando. Por fin llegue y mis padres se alegraron al verme. Mi mama dijo: "Mira tiene hojas de las que arrastra el río hasta en la cabeza". Mientras, mi papá preparo un café con un poquito de alcohol y me lo tome quedándome muy pronto dormido. Yo estaba cansado, completamente agotado por la tensión de haber estado tantas horas esperando que bajara la fuerza del río, pero bueno gracias a Dios todo salió bien.

Mi hijo Cristian, mi hermana Jeraldina y mi sobrino Rafael.

En 1989, también trabaje como maestro de ceremonias de concursos de aficionados al canto, y de concursos de baile como cumbias, mambos, salsas y merengues. Saliendo de la Radio iba a un Centro Nocturno Freddy's 310 le decían "El Triten" propiedad de Don Alfredo Quiroz quien me encargo que si yo sabia de alguien que le interesara ese negocio que lo quería vender o rentar y que daría una gratificación si yo le conseguía el cliente. Entonces yo le platique a Aldo Quintana quien estaba en Mendota y tenia en ese tiempo el centro nocturno Aldo's de Mendota, así que platicaron y se pusieron de acuerdo en el negocio, y don Alfredo me dijo venga le voy a dar una gratificación, yo pensé que me daría mínimo unos $200 dólares por la venta del lugar, sin embargo, me dio solo $20 dólares y una botella de tequila.

Ya ni modo, lo bueno que seguí trabajándole a Aldo Quintana los concursos, comerciales de audio y presentaciones de artistas y grupos, y fui su vendedor de paquetes promocionales de radio varios años y esa fue mi mejor recompensa, y además se le arreglo muy bonito y cada año se le notaban los adornos modernos y siendo Aldo un buen amigo y patrón, yo le agregue a su centro nocturno Aldos. Night Club de Fresno la frase: "El Lugar Mas Elegante". Que todavía usan en los comerciales de radio y televisión. Ahí a ese Centro Nocturno concurren grandes amigos como Gil García Padrón y Tony López y mucha gente especialmente la juventud lo prefiere pues ahí se presentan grandes agrupaciones y artistas de moda además tiene un servicio muy amable, y si, el lugar sigue siendo el lugar mas elegante y adornado con luces modernas. Con los años llego su hijo Eddie Quintana a ayudarle con la administración y eventos artísticos y ha tenido bastante éxito con el negocio.

Muerte de mi abuelito japonés

(Carlos) Kikumatsu Kamey Marmoto.

En 1992 murió mi abuelito japonés (Carlos) Kikumatsu Kamey Marmoto, estuvo enfermo por varios días con mucha fiebre, algo así como el dengue que azoto Centroamérica y México ese año de 1992. El día 10 de junio se empezó a sentir mal, lo llevaron a Pihuamo con un doctor particular y le dio medicamentos, pero no se mejoró, dos días después en la tarde fue Elba Cano enfermera y amiga de la familia a ponerle suero, yo llegue en ese rato y ella me comento que mi abuelito no mejoraba y que estaba grave su situación, además que el suero tampoco le estaba haciendo buen efecto, hacia mucha calor, yo fui a casa de mis papas y saque un ventilador eléctrico y se lo lleve y conecte en el cuarto donde estaba en cama mi abuelito, se le revisaba y se le visitaba mañana y tarde, pero el día 15 de junio, muy temprano mi mama me despertó para decirme el desenlace fatal.

Me dijo ¡Cocho! Despierta tu abuelito falleció. Fui a casa de mi tía amparo donde vivió mi abuelito sus últimos días, y de ahí me encargaron que fuera a Pihuamo a adquirir el ataúd para velar mi abuelito, ahí me estaría esperando mi tío Miguel Kamey Solórzano pues él vivía en Pihuamo desde hacía muchos años; Mi tía Amparo me encargo que no comprara un féretro caro, pues no había mucho dinero, pero al llegar a la funeraria Funerales Mendoza de Pihuamo en ese tiempo, una señora amiga de toda nuestra familia Ma. Guadalupe Ramírez Orozco su esposo se llama José Candelario Mendoza Morfin,(A don Candelario lo conocí joven en 1970, tenía una mueblería y le rentaba un local para eventos culturales festivos y recreativos a la Empresa minera con sede en Monterrey y en Pihuamo le conocimos como LAS ENCINAS.) A Candelario me toco conocerlo también en los convivios y fiestas, le gusta cantar con mariachi, y pues a mi también me gusta hacerlo, así que más de una ocasión cantamos en la misma fiesta con el Mariachi Imperial cuando todavía vivía Don Raymundo Díaz, chulos recuerdos. Bueno, Ellos, Candelario y Lupita eran los dueños y gerentes y demostradores de los féretros y paquetes de servicios funerarios ellos fueron compadres de mi tío Carlos Kamey Solórzano y mi tía Engracia de La Mora, bien Doña Lupita nos mostró algunos ataúdes económicos, todos con servicio de sillas, cafeteras, para ofrecer café a todos los que acompañan durante la velación del cuerpo, así como un arreglo de capilla donde se pone un gran crucifijo, además de cirios, esquelas y anuncios por radio para avisar a los vecinos de la región el Deceso de mi abuelito, que es la costumbre de la región avisar por radio cuando alguien fallece. Pero bueno volviendo a la funeraria, después de ver varios ataúdes, yo vi al fondo un ataúd de madera brillante y bien barnizado de madera de parota, la ya anteriormente mencionada madera muy apreciada por su finura, y pensé en ese momento: mi abuelito fue un gran carpintero y merece algo así, cueste lo que cueste yo coopero, y hasta creo que si está mal construida, mi abuelito se va levantar y la va a arreglar, porque a mí abuelito le gusto ser perfeccionista. Entonces le pedí a la señora mirar ese ataúd, y me dijo que esa era un poquito más cara que otras, y mi tío me dijo no te preocupes sobrino, si esa te gusto esa vamos a ordenar, ¿está muy bonita y adecuada para mi papa que fue carpintero verdad? ¿Pareció que estábamos en la misma sintonía verdad? Así que mi tío Miguel le dijo a doña Lupita que ese ataúd estaba bien, y que incluyera en el servicio unas cien sillas para el velorio. Ella amablemente nos dijo lo que costaba el paquete completo y estuvimos de acuerdo, y nos dijo que teníamos treinta días para pagar, el costo fue de diez mil pesos moneda nacional. Muchas gracias por su amabilidad y amistad don Cande y Lupita.

En La Familia Kamey no tuvimos que poner mucho dinero pues mi tío miguel trabajaba en la empresa minera local Las Encinas y ahí le ayudaron con algo de los gastos del sepelio, eso nos dijo mi tío Miguel, así que no pusimos casi nada, fue más bien algo simbólico. Durante su velación en el domicilio conocido de la casa de mi tío Daniel García Galvez y su esposa y ti amia Amparo Kamey Solórzano estuvo rezando el rosario el sacerdote y amigo familiar José de Jesús Solano Ríos, el mismo sacerdote que oro por mi abuelito en su corta enfermedad y el mismo sacerdote que oficio la Santa Misa de su ultimo cumpleaños, al día siguiente16 de junio de 1992 se le llevo a la Iglesia a La Misa de cuerpo presente, y si, oficiada por el Padre José de Jesús Solano Ríos, quien recalco la buena persona que fue y la amistad que mantuvo con él y las varias ocasiones que le toco conversar con mi abuelito..

A mi abuelito lo enterraron en la misma locación donde esta la tumba donde yace mi padre José Kamey y también mi abuelita madre de mi papa, josefina Solórzano López, pues ahí es de 3 metros por 4 metros al lote y hay espacio como para unos 12 féretros. Ahora ahí también reposan mi mama Ma. De Jesús Ibáñez García y mi hermano el mayor de nuestros hermanos, Marco Antonio Kamey Ibáñez.

Bueno en ese lote se llevó a mi abuelito a su ultimo descanso, yo contrate a mis amigos del Mariachi Imperial de Pihuamo para que tocara unas selecciones antes del sepelio en el panteón y fue muy emotivo que por cierto no me quisieron cobrar, y aunque yo insistí no me aceptaron pago alguno y aquí quiero dejarles mi profundo agradecimiento gracias muchachos: familia Díaz Beltrán, Mundo, Pascual mi compadre Toño, Ángel y Juan, además Pancholin Ibarra y Lupita Tortoledo, Amador Núñez con su hijo Ramón y familia, Rafael y Adolfo Rosales y familia, y todos los que forman **El Mariachi Imperial de Pihuamo.**

Mariachi Imperial de Pihuamo que Radica en Cabo San Lucas Baja California Sur.

Río de la barranca en San José Del Tule, cerca de la toma de agua del canal principal que abastecía de agua al Ingenio cuando este producía azúcar.

1-Víctor Rebolledo Arias, 2-Juan Rebolledo, 3-Regina Kamey, 4-Rosario Fermín Esposa de Juan y 5- Su hija Yuli Rebolledo Fermín.

Portales de San José Del Tule en su jardín y plaza de eventos.

Muchas gracias a todas las personas que me han animado y apoyado para escribir este libro como un homenaje a todos mis familiares y amigos y vecinos especialmente de San José Del Tule y Pihuamo Jalisco.

Muchas Gracias por su amistad y confianza: Alma Angélica Rodríguez Hinojosa de Toscano de Pihuamo,
Por su apoyo y aportaciones; Muchas Gracias:
Daniel Gutiérrez. Maestro de Español en Madera City College.
Alma Angélica Rodríguez Hinojosa y su esposo Noé Toscano De Pihuamo.
Licenciado Noé Toscano Rodríguez de Pihuamo.
Sra. Locutora y directora de noticias por más de 40 años en K.G.S.T. La Mexicana de Fresno California. Estela, Vázquez de Romo.
A mis compañeros:
José Luis González Jiménez. Maestro y locutor.
Jorge Soto. Locutor y sistemas de computación.
Sergio Cazarez Ruiz. Locutor, compositor y cantante.
Juan Lomelí. Locutor y comerciante de libros.
Venancio Cantú. Rubén Rosales (El Viejo del Sombrerón.)
Raúl Z. Moreno. Coordinador, del programa Migrante Fresno State University.
Juan Carlos Montes. Técnico en computación.
Alfonso, Octavio, Ernesto, Gabriel, Eréndira, Verónica Verduzco Cuevas. De San José Del Tule.
Carlos Amezcua Ruiz De San José Del Tule.
Roberto Mendoza Ceballos. De Pihuamo,
Rondalla de La Universidad de Colima.
Arturo Ceballos De La Mora. De Pihuamo.
Graciela Ceballos de la Mora. Escritora.
Rondalla de La Universidad de Colima.
Margarita Gutiérrez Guzmán. De Pihuamo.
María Dávila Naranjo. De Pihuamo.
José Tortoledo Solís de Pihuamo.
Julián Estrada Aréchiga de Pihuamo.

Rafael González. Cantante de Colima.

Maestro Sergio Hernández Torres de Coquimatlán Colima.

Maestro y primo Rogelio Pulido de Cuauhtémoc Colima

Héctor Zamudio Aguilar. Dir. Rondalla de La Universidad de Colima.

Irving Ramsés Tintos Santos. Rondalla de La Universidad de Colima.

Oswaldo Carrillo Zepeda. Rondalla de La Universidad de Colima.

José de Jesús Solano. Sacerdote Del Tule. (E.P.D.)

A mi familia Kamey Reyes, Kamey De La Mora, Kamey Chávez, García Kamey, Kamey Ibáñez y a todos sus descendientes; Por siempre mil gracias.

Es hermoso haber tenido a alguien así de abuelito, una persona muy especial, trabajadora, honrada, hombre a carta cabal, hombre que conoció el descanso solo hasta el día que se fue al paraíso de los japoneses buenos. A ese gran hombre le doy mi abrazo espiritual, sintiendo su olor a aserrín de madera de parota y al barniz que el mismo preparaba, a ese hombre alegre, platicador, contador de anécdotas, andador de los caminos y brechas, del Tule, Padilla, Buen País, Tuxpan, el 21 de noviembre, Pihuamo, Santa Cruz, La Estrella, El Naranjo y más. A ese hombre que es raíz e historia de nuestra familia, cantante japonés que nos impresionaba su nostálgica melodía. Aún tengo en mis oídos su voz narrando la canción de una gaviota que se va y los vientos la arrastran y dejan maltrecha.

Ese hombre fue mi abuelito Kikumatsu Kamei Marmoto, japonés, quien al casarse adopto el nombre de Carlos Kamey Marmoto.

Muchas gracias por interesarse en la historia de mi abuelito y de nuestra familia, y gracias por leer las anécdotas y vivencias de todos nosotros.

Dios Los Bendiga.

Atentamente José Kamey Ibáñez.

José Kamey Ibáñez.

Made in the USA
Las Vegas, NV
29 August 2021

29146364R00108